走近主力兵系列

铁甲争雄
坦克兵

TANK FORCE

北京大陆桥文化传媒 ◎ 编译

重庆出版集团 重庆出版社

图书在版编目（CIP）数据

铁甲争雄——坦克兵 / 北京大陆桥文化传媒编译 . —重庆：重庆出版社，2008.6
（走近主力兵系列）
ISBN 978-7-5366-9716-4

Ⅰ. 铁… Ⅱ. 北… Ⅲ. 装甲兵 – 普及读物 Ⅳ. E151-49

中国版本图书馆 CIP 数据核字（2008）第 061488 号

铁甲争雄——坦克兵
TIEJIAZHENGXIONG——TANKEBING
北京大陆桥文化传媒 编译

出 版 人：罗小卫
责任编辑：饶 亚 钟丽娟
责任校对：杨 婧
撰 稿：王晓霞 吴海平
装帧设计：传奇设计工作室 · 张燕萍

重庆出版集团
重庆出版社 出版

重庆长江二路 205 号　　邮政编码：400016　　http://www.cqph.com
北京大陆桥时代出版物有限公司制作
重庆华林印务有限公司印刷
重庆出版集团图书发行有限公司发行
E-MAIL: fxchu@cqph.com　　邮购电话：023-68809452
全国新华书店经销

开本：787mm×1092mm　　1/16　　印张：14　　字数：248 千
2008 年 6 月第 1 版　　2008 年 6 月第 1 次印刷
ISBN 978-7-5366-9716-4

定价：36.50 元

如有印装质量问题，请向本集团图书发行有限公司调换：023-68809955 转 8005

版权所有，侵权必究

前言

　　坦克兵又称为装甲兵，是以坦克和其他装甲车辆为基本装备的战斗兵种，其主要作战武器坦克，是一个集猛烈的火力、快速的机动力和厚厚的装甲于一身的大家伙，常常被人们称为"陆战之王"，它为军队取得一次又一次的胜利立下了汗马功劳。但您知道坦克是怎样发展起来的吗?您了解从世界第一辆坦克的问世到现在90多年坦克兵们所经历的沧桑历史吗？您了解世界杰出的装甲兵人物和所指挥的具有神奇色彩的坦克鏖战吗?那就让我们走进血与火的战场去了解一下吧!

　　英国是最早研制坦克的国家之一。在1900年，出现在西方世界的装甲汽车，可以说已经具备了现代坦克的雏形。1915年8月，世界第一辆装甲坦克——"小游民"在英国福斯特工厂问世，它是现代坦克的鼻祖，第一个坦克乘员培训学校被叫做机械化机枪部队装甲车班。 1916年5月，英军组建了世界上第一支坦克部队——"机枪重型分队"，后来又扩编成若干个坦克旅。坦克的出现给战术的发展带来了全新的面貌。坦克部队作为一种全新的机械化作战力量，备受一些军事大国的高度重视，因而得到了迅速发展。第一次世界大战后，各国对坦克在未来战争中的地位、作用都十分关注，并按照自己的模式发展坦克部队，坦克兵的队伍由此迅速壮大，坦克作战理论也得到了不断的创新。

　　第一次世界大战结束后不久，战败后的德国便开始寻找一种新的武力途径，试图东山再起。德国秘密使用一切可以调用的车辆和模拟的装甲战车进行作战编组，实施机动作战的军事演练，摸索新战法，探索新理论，并派人员到外国参观，秘密加速发展德国的装甲战车和坦克部队。希特勒上台后，立即推波助澜，在一次观看了仅有数辆装甲车参加的军事演习后，竟情不自禁地叫嚷了起来："这就是我所要的东西！"从这一时刻起，坦克在德国得到了快速发展，同时，一道腥风血雨的战争魔影也迅速从纳粹德国升起。到第二次世界大战前夕，德军已拥有6个装甲师和4个轻型师，在世界上第一个成立了"装甲坦克兵司令部"来统一管理和训练德军的坦克部队。此外，德军还拥有10个军属坦克团和4个师属轻型坦克营，每个坦克团编有100辆坦克。

  第二次世界大战时期，坦克兵战术得到很大发展。进攻时，将坦克兵集中编为突击队，使用在具有决定意义的方向上，并做纵深梯次部署，从行进间展开，在航空兵和炮兵火力支援下，突破对方防御，迅速向纵深推进，扩张战果，围歼敌人。现代条件下的坦克兵战术，其基本原则主要有：疏散隐蔽配置；快速灵活机动；集中突然攻击；密切协同动作；实施纵深攻击；组织可靠保障等。进攻战斗时，坦克兵通常集中使用于主攻方向，从行进间展开成战斗队形，在地面和空中火力支援下，猛烈突击，突破敌人防御，而后高速度向敌翼侧和后方实施穿插迂回，围歼敌人。防御时，通常用于向敌实施反冲击、反击，或制止敌向纵深扩张，或攻歼空降着陆之敌。坦克冲击到哪里，哪里就能听到震耳欲聋的轰鸣声。巴顿、古德里安、隆美尔、朱可夫、蒙哥马利和艾森豪威尔等一些叱咤疆场的世界名将也正是在这金戈铁马的铁血大厮杀中，导演了一幕幕惊心动魄、铭刻战史的战争话剧，坦克也因此而登上了"陆战之王"的宝座。

  二战结束后，装甲兵又以全新的面貌出现在现代局部战争的战场上拼死厮杀。不管是在高科技的局部战争还是未来的各种样式的战争中，坦克兵的作用都不是其他兵种所能代替的。尤其在两伊战争中，坦克在战争中起了决定性的作用。

  后来，伊拉克又采用"牛刀杀鸡"的战术，一举出动包括有400多辆主战坦克在内的共1300多辆装甲战车组成的庞大装甲兵部队，向弱小的科威特发起猛攻。

  1991年海湾战争中，以美国为首的多国部队对伊拉克实施空中打击后，最终发起地面进攻来决一胜负，展开了第二次世界大战后最大的坦克战。美、英军队利用先进坦克的机动能力和突击力，由3500多辆坦克和3000多辆装甲车组成的装甲部队实施远距离奔袭，避开"巨大死亡的弹坑"，向伊军要害穿插。在约100个小时的地面进攻中，多国部队的装甲兵部队长驱直入，摧毁与缴获伊军坦克3700余辆，歼灭共和国卫队的情况下，迫使伊拉克投降。美、英成功地实施了一次在高技术局部战争条件下，运用装甲作战和发挥先进坦克技术优势的实战检验，对21世纪装甲兵的发展产生了深远影响。

  总之，坦克发展和鏖战的沧桑历史，记录下了这个兵种的不朽功绩：它在战火中诞生，在沙场上锤炼，在硝烟里历练；它以快速机动作战和强大的突击能力展现出了自身特有的英姿；它威风凛凛地冲杀在铁血厮杀的陆战场，用鲜血和铁甲绘制了一幅气势恢宏的历史画卷。随着战争的需要，坦克装甲车辆已发展为庞大的家族，成为一个重要的兵种：主战坦克、步兵战车、装甲输送车、火力支援车、轻型坦克、水陆坦克以及架桥坦克等特种装甲车辆。坦克的发展走过了从无到有的艰难历程，是由少到多，由弱到强，经受住战争和历史严峻考验的坦克，成为各国陆军力量的中坚！

目录

第一章
陆战之王——横空出世

"陆上战舰"/2
一战惊人/9
所向披靡/13
战功赫赫/22

第二章
"闪电" 闯入战场

"日耳曼战车"/32
闪击波兰/44
"镰刀闪击"/49

第三章
铁甲争雄

"巴巴罗萨"/56
挥出"铁拳"/67
鏖战基辅/71
血战莫斯科/83

第四章
折戟沉沙——战神经典对抗

阿拉曼战役/98
坦克大决斗——库尔斯克战役/111

第五章
战神进行时

战神家族/130
中东烽火——战神的怒吼/142
战神的现代化/167

第七章
新世纪的抉择——战神何去何从

战神面临新挑战/196
战神的未来之路/213

第六章
二十世纪末的表演——再战海湾

"沙漠盾牌"行动/172
"沙漠军刀"——地面进攻/183
最后的胜利/193

坦克兵 TanKeBing

第一章
陆战之王——横空出世

  1914年，伊普雷之战后，西部战线出现了非常状态。由于敌对双方都构筑了坚固的防御工事，彼此都无法向前推进。人们急需找到一种方法，能够在进攻者越过铁丝网和其他防御障碍的时候提供火力支援，同时抵御敌人的火力，否则，进攻就会失败。

"陆上战舰"

　　伊普雷战役见证了坦克的从无到有，伊普雷是比利时西南部一座古老的小镇，曾是比利时的羊毛交易中心，镇上的一座有几百年历史的克洛思大教堂，让伊普雷享誉世界。

　　1914年9月13日，在马恩河战斗中失利的德军撤到了埃纳河畔，英法联军也追击到了这里。两军经过3个星期的僵持，意识到正面的直接突破是不可能了，于是他们开始尝试进攻对方的侧翼。从瑞士边界到巴黎北部的这段防线已经被加固了，但是从努瓦永尔北部直到比利时海岸线这段防线，存在着被突破的可能性。于是双方都想从这一侧突破。就这样，机动作战开始了。但是，当交战的一方准备包抄进攻另一方时，总是屡屡受阻，无功而返。双方又继续向大海的方向推进。在此期间，两军的进攻不断进行，伤亡人数持续上升。到了10月中旬，这场奔向大海的作战终因到达了英吉利海峡而结束。但是德军指挥员仍不肯罢休，企图突破联军薄弱的防线，他们将部队集合在了一个进攻点——伊普雷。

　　当时，法军驻守在伊普雷的北部，另一支英国部队守在南部。德军决定将主要兵力火力集中在英军的南部防线。英军的这部分防线拉得很长，兵力不足。所以，德军连续三个星期集中一切空中作战力量对此展开了狂轰滥炸。

　　德军指挥员求胜心切，曾一度派出未经严格训练的年轻志愿军投入战场。在战场上，这些志愿军由于缺乏经验，在机枪和自动步枪交织的火线中，成片倒下，伤亡惨重。

联军虽然勉强守住了防线，但是却付出了极大的生命代价。

伊普雷战役，是1914年西线的最后一场大战役。开战后连续几个月的激烈战斗让交战双方都感到疲惫不堪，双方纷纷深挖战壕，加强掩体，设置带刺的铁丝网，构筑固定阵地。很快，从瑞士边界一直延伸到大海，六百多公里长的战线上，横亘着一条布满战壕、隧道、掩蔽所和铁丝网的坚固防线。

1914年，伊普雷之战后，西部战线出现了非常状态。由于敌对双方都构筑了坚固的防御工事，彼此都无法向前推进。人们急需找到一种方法，能够在进攻者越过铁丝网和其他防御障碍的时候提供火力支援，同时抵御敌人的火力，否则进攻就会失败。就在这个时期，坦克开始登上了历史的舞台。

当时，在英军中有一名随军记者，是一个上校军官，名叫欧内斯特·斯文顿。他在记者的岗位上待了多年，当过新闻记者，思想敏锐，见多识广，报道过许多战地新闻。

斯文顿随远征军在头两三个月的战地采访中，就颇有感触。亲眼看到进攻的英

◎比利时

国士兵被躲在堑壕里的德国兵用马克沁机枪疯狂地扫射，前面的士兵倒下了，后面的士兵又冲了上去，德军的防线固若金汤，英军奋勇拼杀的壮烈场面惨不忍睹……

常常出没在前线战场上和枪林弹雨中的斯文顿上校，对作战武器很感兴趣，而且是一个非常有头脑的兵器爱好者，经常提出一些与众不同的点子。

常言道："当局者迷，旁观者清。"斯文顿在战地采访的同时进行实地考察，他决心要抓住两军对峙的致命要害。他终于看出了"门道"——堑壕、铁丝网，加上机枪火力，把交战双方制约在相对峙的堑壕里，问题是缺少打破这种僵局的有效手段和兵器。他脑海里渐渐萌发出一种超凡脱俗的奇特想法，于是向军事当局提出了建议："如果在美国'霍尔特'履带式拖拉机上安装上厚厚的装甲板，制造成能够越野行驶的装甲式战车，不但可以对付德国的机枪，抵挡敌方射来的子弹，弥补装甲汽车越壕沟能力差的不足，而且还能在装甲车上装上机枪和火炮，在战斗中既能攻又能守……"

这是一个天才的想法！很可惜英国陆军当局却没有把一个战地记者的建议当成一回事，斯文顿满腔热情地建议制造一种新式兵器的大胆设想，被搁在了一边。英国陆军大臣还冷嘲热讽地扔下一句话，他说："这只是一个美妙的机械化玩具，价值非常有限。"

◎英国马克Ⅰ坦克

◎一战战场上被摧毁的坦克

但有趣的是,这件事情却很快地就被后来成为英国首相的海军大臣丘吉尔知道了,他认为这是一个很了不起的大胆设想。丘吉尔意外地接受了这一建议,并亲自出马调遣人员,组织研究机构。为保密起见,英国海军部很快便成立了一个名为"陆地战舰委员会"的专门机构,专事秘密研制一种全新的陆战武器。斯文顿是这一设想的倡导者,理所当然地成了这一研究项目的参加者,作为陆军的特邀代表和项目的倡导人,被破例调入这个研制机构里。他和另外一个共同负责这一研究项目的克劳姆上校,便开始了前人从未走过的艰辛征程。

"怎么办?我们谁都没有见过这种武器应该'长成'什么样子,更没有干过这样的事情,看来还真得要得费一番周折!"

克劳姆是个急脾气,他嘴里对斯文顿说着,手头上已经开始忙碌了起来,准备把脑子中的一点点构想先搬上图纸。但他们一旦真的干了起来,就感到无从下手,难免一时有些丈二和尚——摸不着头脑。

按照设计者们的初衷,这种新式兵器应该像在海上作战的巡洋舰那样,是一种攻无不克、战无不胜的庞然大物,应该具有像军舰那样坚硬的钢铁铠甲,有很强的炮火和机枪火力,在陆地上能够行动自如,灵活运动和作战。

万事开头难。斯文顿在战舰设计师们的协同下,设计小组先拿出了一个最早的新式武器试制蓝图。不难看出,这是一个庞然大物,长30米,宽24米,足有四层楼房那么高,有一个篮球场那么大,再加上武器装备和所需要的弹药,总共约有1200来吨重。这等庞然大物,乃是空前绝后超凡脱俗的大胆杰作,等于是从大海里请到陆地上来的一艘巨大的巡洋舰艇。

从1915年3月开始,设计小组的连续两个设计方案都未能成功。同年的7月,"陆地战舰委员会"发出指示:"承担研制工作的特里顿,利用刚从美国进口的'布劳克'式拖拉机,来试制这种新式武器。"

一场新的设计攻关和试制的战斗打响了。经过多次试验和改进,他们终于在"布劳克"拖拉机的基础上,竖起了坚固的角钢架,固定上了锅炉钢板,加长了用于驱动行驶的履带长度。于是,英国的第一辆铁甲战车,便秘密地在福斯特工厂里试制出来了。

战斗日益激烈,装甲车的研制工作也以惊人的速度进行着。1915年8月2日到9月8日仅一个多月的时间里就设计制造出第一台坦克——小游民,它的编号为"马克I"。遗憾的是,18吨重的小游民不符合斯文顿的要求,而且还存在着许多技术缺陷。设计者威廉·特立顿和戈登·威尔森按照斯文顿的要求,制作了一个更大的木制

◎一战中,法军在敌军的枪林弹雨中前进

◎首次亮相的坦克（模型）

坦克模型——大游民，或称母亲号，它通过了野外测试和使用试验，经过改进后，成为坦克的原型。

就这样，"陆地战舰"诞生了，英军下令叫它"运水的箱子"。

起初，英军把"马克I"叫做"陆地战舰"。然而，英军高层为了保密，下令把它叫做"运水的箱子"，即"水箱"（tank）或"水柜"。后来，人们把"水箱"直接音译为坦克。英军在工厂建造坦克时，总要告诉工人们说，这是为沙漠作战制造移动式"水箱"，以防止德军间谍获取坦克方面的情报。

"马克I"整个形状类似大箱子，它重28吨，长32英尺6英寸，宽13英尺9英寸，高8英尺2英寸，速度是每小时3.7英里，装备2门口径为57毫米的大炮和4挺机枪，可乘人员为8人。它能跨越10英尺宽的堑壕，是德国堑壕平均宽度的2倍——带刺铁丝网不再成为严重的障碍。

不幸的是，第一辆坦克不曾像其他新式武器那样受到欢迎，而且当时许多军事领导人对此都持怀疑态度，对斯文顿等人提出的建议也置之不理。然而，英军在1916年6月底开始的索姆河战役中，仅一天的时间就付出了6万多人死伤的代价，战场上到处遍布着死伤的英军。这一天是西线战场最血腥的一天，也是英军历史上最倒霉的一天，这种惊人的损失程度，是过去的任何战役中所没有的。

◎首次亮相的坦克

即使在第二次世界大战时,最大的进攻行动诺曼底登陆中,英美联军战斗了20天才伤亡6万人。总司令道格拉斯·黑格爵士受到谴责,在走投无路的绝境中决定利用坦克背水一战。斯文顿认为,可利用的坦克太少和缺乏战斗经验都会影响战局。他建议集中使用坦克,但当时坦克总共只有49辆,于是黑格决定由二三辆组成一组,将坦克分散运用在受到攻击的前线。

> **知识链接:**
>
> 　　**防御工事**:为保障军队作战行动而构筑的防护性建筑物。按构筑的时机和预订使用时间,分为永备工事和野战工事;按构筑方式,分为掘开式工事、暗挖式工事和堆积式工事;按支撑结构的施工方法,分为整体式工事和装配式工事;按作战用途,分为射击工事、观察工事、指挥工事、掩蔽工事、交通工事和堑壕。
>
> ---
>
> 　　**堑壕**:供人员射击、观察、隐蔽和机动用的壕沟式工事。多为曲线形或折线形。按深度,分为跪射堑壕、立射堑壕和加深堑壕。壕内通常有射击、观察、隐蔽、排水、路标和进出口等设施。

一战惊人

　　1916年9月15日凌晨，索姆河上浓雾弥漫，能见度比较低。这些天来，德军打退了英军的数次进攻，战事比较平稳，德军官兵们正酣睡在最香最甜的黎明觉中。

　　"严禁开大灯，拉开车间距离，后面的跟上！"

　　在夜幕和浓雾的掩护下，这支"钢铁怪物"组成的部队悄然开到了离德军不远的地方，进攻前的准备工作在紧张地进行着。

　　上午9时，弥漫在空中的浓雾渐渐消散了。

　　"各战车注意，按计划发起进攻！"

　　随着黑格司令的一声令下，马达开始轰鸣，英军进攻出发阵地沸腾了，32辆钢铁战车在坦克兵的操作下，几乎同时吼了起来。这支装甲战车队形展开之后向德军阵地扑去。

　　"轰隆……轰隆……"

　　德军官兵们似乎听到了什么，是机群引擎的轰鸣声？但怎能如此穿云破雾，是汽车马达的吼叫声？但又如此深重和沉闷。他们一时还无法做出准确的判断。

　　阵地颤抖着，一个个黑糊糊的钢铁怪物从雾帐里钻了出来，边开炮边向前冲！

　　德国兵惊呆了，阵地上硝烟四起，火光冲天，枪炮声、爆炸声、哭喊声乱成一团，惊天动地。他们无所适从，满眼里都是从未看见过的"钢铁怪物"……

　　只有少数的德军官兵试图抵抗，多数在哇拉乱叫、惊慌失措地寻路逃跑。

　　试图反抗的德国兵用枪炮拼命射击。但只见打上去的枪弹根本不起什么作用，纷纷被弹了下来。

英军的"钢铁怪物"愤怒了!枪炮交加,继续向德军纵深挺进。碾过铁丝网,冲过堑壕,炮声隆隆,机枪哒哒!德军溃不成军,死伤不计其数……

这些英国的"钢铁怪物"仅用了两个小时,就向德军防御纵深推进了5公里。德军的防线被突破了。

"立即电告首相和陆军大臣!"

黑格总司令脸上堆满了笑容。他继续补充道:"这不仅仅是一次战役和战斗的胜利,而是从根本上打破了敌人的堑壕战!"

英国朝野上下被这个消息振奋了。装甲兵部队和装甲坦克索姆河首战告捷。

有人把这一消息报告了丘吉尔。他笑而不露:"这才开始胜利……"

首次参战的18辆坦克却使9月15日的战斗被永远地载入世界战争史册。这一天,英国21个步兵师的兵力在坦克的支援下,步坦结合在10公里宽的正面上分散攻击,向前推进了5公里仅用了5个小时,要取得这个战果以往要耗费数千吨炮弹,牺牲几万人的代价。

英国主流报纸开始大力称赞这一新式武器,把它描写成火眼精灵和马达怪物,并期望它可以解决所有的军事问题。

但是,虽然坦克的参战取得了一定的优势,为英军增添了新的进攻方式,却仍然不能帮助英军彻底突破德军的防线,仅18辆坦克的效果实在是太有限。

尽管这样,第一批坦克对人产生的心理影响却非同小可。一位德国战地记者写道:9月15日,德国警戒部队爬出地下掩体,寻找英国人的时候,他们的神经中枢被两个神秘的怪物镇住了,他们使劲揉着眼睛,被这种

◎一战战壕里的士兵

◎一战的战壕

◎西线的协约国士兵

难以置信的怪物吓得目瞪口呆，两条腿已经不听使唤。这些怪物前进得很慢，摇摇晃晃地向前推进。就像受到了某种神奇的力量的推动。躲在堑壕里的德军说魔鬼来了，这句话像野火一样迅速传播开来。

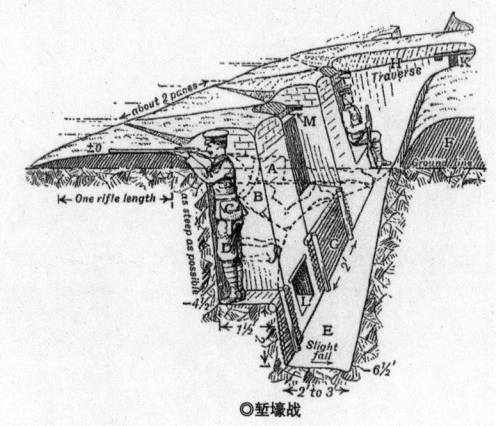

◎堑壕战

知识链接：

火力点：亦称发射点。机枪、火箭筒、榴弹发射器、便携式导弹、直接瞄准火炮、坦克等配置和设计的地点。按坚固程度，分为永备火力点和野战火力点；按暴露程度，分为明火力点和暗火力点。

所向披靡

在索姆河战役中首次尝到甜头的英国人，抓紧时间对"大游民"坦克进行了改进，接着就大批量生产了Ⅳ型和Ⅴ型坦克。有意思的是，Ⅳ型坦克按装备武器的不同，被分为"雄性"和"雌性"坦克。Ⅳ型"雄性"坦克共生产420辆，"雌性"坦克共生产595辆。

战争进行到1917年，又是一个寒冬来临，远征军司令黑格向英军总参谋部报告说："德军已开始从德俄战线调兵加强西线，应争取有利时机突破德军防线。"

英军当局决定："为摆脱被动，打破西线战场长时间胶着对峙的僵持局面，远征军将以一次大规模的攻势行动，牵制其他战线的德军兵力，夺取战争主动权。"

在两军攻防对阵的岁月里，一个后来成为著名军事理论家的上校军官脱颖而出，他就是约翰·富勒。此时，他提出了一个大胆的设想：选择有利时机和最有利的战场，集中装甲兵部队，在一个地区对德军实施一次大规模的进攻，把德军防线一举冲垮！

约翰·富勒(1878～1966年)，是英国的军事理论家，也是"装甲战"理论的创始人之一。1916年富勒曾任英军坦克军参谋长，1918年5月他撰写了《1919年计划》，作为1919年战胜德国的建议。建议中提出："在160公里进攻正面上集中11500辆坦克，用重型坦克实施正面进攻，以中型坦克在空军支援下实施纵深突击，瘫痪敌指挥系统，从而决定这场战争的胜负。"

◎英军"陆地战舰"

1920年，富勒编著的《1914～1918年大战争中的坦克》一书在英国出版，首次阐述了"未来将是机械化战争"的思想，书中认为："武器装备本身甚至'就可以构成99%的胜利'，机械化战争的军队'只需要少量的人和强大的机器'，就能够夺取胜利！"

1923年，富勒在编著的《战争的改革》一书中指出："坦克投入战场后，出现了一个崭新的战术时代，即'无路战术时代'。"

1927年，富勒针对坦克与步兵混编、把坦克视为步兵附庸的做法，提出了"单纯坦克"观点，主张"装甲部队应由单一坦克编成，而不与其他的兵种混编"。

1928年，富勒在撰写的《未来战争论》中，较系统地阐述了依靠陆军机械化取胜的理论，正式提出了"坦克制胜论"。

1932年富勒在《野战勤务条令》的讲稿中，进一步明确指出："坦克和飞机是互为补充的，从长远观点来看，只有其一，而没有其二，就不可能安全地将战役战斗进行下去。未来战争中，坦克和飞机的协同将比坦克和步兵的协同更为重要……"

在《瘫痪式进攻》一书中，富勒强调指出："新战术使用的手段，将是以快速机动的战车为矛头的，并且用飞机作为空中支援手段，在坦克的后面才能跟着传统的兵种……"

但是，富勒的这些装甲兵运用理论和观点，却与他当时上司的观点格格不入，使他逐步受到了冷落和排挤，1929年至1932年他被改任旅长职务。1933年，富勒十分气恼地退出了现役。

然而，富勒"坦克制胜论"的装甲兵作战理论，却被德国的古德里安等学去了，还自称是"富勒的学生"。无可置疑，富勒的这些理论对德国"闪击战"理论的形成和发展产生了不可估量的影响，但那都是后事。

有幸的是，英军总参谋部随即派员到法国北部进行实地考察，在认真研究战场情况后终于采纳了富勒的建议。总参谋部认为："法国北部康布雷地区地势平坦，气候干燥，土质坚硬，很适合坦克机械化部队机动作战。"于是，向远征军发布了作战命令："英军第3集团军，率19个师的兵力并大量坦克，在康布雷地区对德军发动一次大规模攻势，用坦克战车突破德军防线后，以骑兵穿过突破口，突向德军的防御纵深，一举把德军打下波

◎约翰·富勒

◎康布雷战役中被德军摧毁的英军马克Ⅳ型坦克

罗的海，或直接将其赶出法国境内!"

英军开始进行大规模进攻战役准备。为达成战役的突然性，英国远征军在发起进攻前还采取了如下措施：

1. 加强伪装。为达成接近实地的伪装效果，给坦克涂上色彩斑纹，使之尽可能同康布雷地区周围的景色相一致。

◎古德里安将军

2. 为达成坦克袭击的突然性，一切战前准备工作都必须在极为秘密的情况下进行。预先把大批参战的坦克秘密隐藏在己方阵地的后方——阿夫兰科特大森林内。

3. 发起进攻前，任何人不得让坦克提前进入距德军前哨阵地1英里之内。为防止泄密或有人员被俘而泄露机密，在进攻发起的48小时之前，除少数高级军官之外，其他任何人员均不得知道有关坦克部队在康布雷地区参战的任何消息。

4. 发起进攻前，空军出动大批飞机在德军阵地上空不停地低空飞行，以"嗡嗡"的飞机引擎声响，掩盖坦克发动机的隆隆响声和履带的倾轧声，掩护坦克向德军阵地接近，直至发起冲击。

康布雷是法国北部省内的一个小镇，旱路和水路交通发达，是经圣康坦通向法国首都巴黎距离最近的咽喉要道。该地区已陷入德军之手，德军在康布雷市城南、城西一线预设了三道防御地带。连日来，英军曾多次发动强大攻势，都未能突破德军阵地。

1917年11月19日夜，在夜幕的掩护下，英军第3加强集团军和476辆坦克，按预定计划集中部署在12公里宽的突破正面上。在德军不知不觉中，英军便悄然占领了进攻出发阵地。

11月20日凌晨，康布雷地区浓雾低垂，战场上烟雾弥漫，能见度极低。英国远征军司令黑格最后一次察看了参加突击的坦克集群和进攻部署，便回到了集团军指挥所。黑格司令看了看表，巴黎时间6时整。此时，他向司令部发出了命令："从6时10分开始，按计划发起进攻!"顷刻间，英军飞机从数个机场腾空而起，穿云破雾，直

扑德军的防御阵地。英军的飞机越飞越低,他们尽可能地找准攻击目标,投下炸弹。而他们更多的是从德军阵地上空呼啸而过,一阵扫射,留下刺耳的飞机嗡嗡声。

"英国飞机又来轰炸了!"德军前线军官立即向指挥部报告。

"加强隐蔽和对空射击,把英国佬打回去!"德军早已筑有坚固的掩体和防御工事,还有那层层叠设的铁丝网和障碍物,他们根本不相信敌人能够爬上来,德军指挥官若无其事地下达着命令。

在地面战场上,一股更具有摧毁力的强大突击大军,借助于清晨雾幕和空中飞机引擎巨大轰鸣声响的掩护,在规定的突破正面上,正沿着引导分队专为装甲战车设置的通道标志,杀气腾腾地向德军阵地逼近。

前面是378辆英军的战斗坦克和98辆运输坦克,后面是第3集团军的冲击步兵。他们正依照指挥官命令按预定计划快速推进!扑向德军阵地的英军坦克和步兵铺天盖地。德军用于阻挡英军步兵的障碍物和铁丝网,即刻被冲在前面的坦克履带碾倒,坦克所到之处出现了一条条畅通无阻的进攻通路。

"我们遇到德军的堑壕了!"一个坦克兵向指挥官报告。"'运输坦克'赶快卸下输送的柴草!工兵铺设通路!"指挥官早已胸有成竹,一切都在英军的预料之中。

德军竟然把防坦克堑壕挖到了2米多深、12米宽。时间就是胜利,英军的"运输

◎德军突击兵在出发堑壕阵地等候出击

坦克"一辆接一辆地冲到德军堑壕前,一捆又一捆事先用铁链捆好的树枝柴草填向堑壕内,一座座特殊的桥梁迅速在德军的堑壕上架起,英军的坦克和步兵前所未有地密切配合,很快就逼近了德军第一道防线。

突击的坦克每3辆编成一个突击小组,一辆在前,两辆在后,坦克与坦克间隔100至200米组成前三角突击队形。按组织协同动作规定,他们相互掩护,交替冲击,支援步兵剿清掩体内的敌人。

马达声轰鸣,阵地颤抖。睡意浓浓的德军官兵顿时被惊得丢魂落魄。还是一些德国的老兵颇有见识,蒙眬中他们发现一个个黑糊糊的大家伙,像是"钢铁怪物",怎么同上一次在索姆河战场上的一样?于是,德军的阵地上一片混乱,官兵们惊慌失措,大声惊叫:"敌人的'钢铁怪物'来了!敌人的坦克来了!"

一切都已经太晚了。德国兵纷纷跳出堑壕向后逃窜,冲击的坦克两边喷吐着火舌,德军咿哇乱叫倒下了一片。来不及逃窜的德国兵试图做困兽之斗,英军坦克一阵狂吼,机枪扫射和碾压,将德军连枪带人卷入履带之下。德军的阵地和支撑点不断被攻陷,"固若金汤"的防线顷刻崩溃。

◎倒在德军铁丝网上的突击兵

◎英军突击兵

英军发起进攻的当日，就一举突破了德军的三道防御阵地，把战线向前推进了8到10公里，歼灭德军8000余人，缴获火炮100多门。英军伤亡约4000人，损失坦克49辆。

"我们的坦克一到，德军的防线就土崩瓦解了"，胜利的消息迅速传遍英伦三岛，伦敦所有教堂钟声齐鸣，庆祝这次胜利。

但是，英国远征军对德军的反扑准备不足，在后力不济的情况下便仓促扩张战果。德军迅速调遣兵力实施反扑，又恢复了大部分阵地。英军将剩下来的坦克全部集中起来投入交战，才打退了德军的反扑，稳住了阵脚。

12月27日，康布雷地区激战的枪炮声渐渐地平息了下来，交战双方又开始各自坚守自己的阵地。此次战役，英军大规模集中使用装甲兵部队，在较窄的正面上实施集中突击，集中使用的坦克数量和推进速度，在第一次世界大战中是罕见的。英军虽然只是取得了暂时的胜利，地域的得失也大致相当，但它却是新战术的首次登场。

英军第一次大批使用装甲兵部队为前导，对固守防线的德军实施突然袭击，并出动大批飞机轰炸了德军的炮兵阵地和指挥部。

英军第一次打破了以往的惯例，没有进行炮火准备，就直接由装甲兵部队引导突然发起了猛烈进攻，使德军措手不及。英军的装甲兵部队与步兵、空军和炮兵等协同作战，在战术上是成功的，但其后备力量不足，无力对付德军的反扑，才使战局又重新陷入了僵持状态。

当时，人们并没有认识到装甲兵部队"集中"、"机动"和"突然"进攻战术的真正价值，只是把坦克作为突破敌军堑壕和对付机枪火力的"盾牌"，但它已经对传统战术产生了影响，展示了它在战争中的巨大潜力。

英军大规模使用装甲兵突袭，给德军造成了极大的心理压力。尽管德军的防御已经恢复，并拥有庞大的兵力和坚固防线，但德军的将领们对自己的防御还是倍感危机，他们被英军的装甲兵突击搞得提心吊胆。德军统帅兴登堡更是哀叹道："英军在康布雷的进攻，第一次揭示了使用坦克实施大规模奇袭的可能性……他们能够越过我们未遭破坏的堑壕和障碍物，这些不能不对我的部队产生显著的影响……步兵感到他对坦克的装甲侧面无能为力。机动的装甲坦克一旦突破了我们的堑壕线，防守者就感到他的后方受到威胁，而离开了他的岗位。"然而，僵化的思想指导，却极大地制约

◎英军炮兵

了装甲兵的作战使用和进一步发展。

在第一次世界大战中诞生的坦克，无论是技术设计还是战术运用，其初衷都是专门用做对付敌人的铁丝网、堑壕和机枪火力"盾牌"和"活动堡垒"。英国人最早把坦克搬上战争舞台时，装甲坦克兵就是以引导步兵冲击的战术模式出现在战场。而此时的德国人，还一时拿不出更先进的武器和战术手段对坦克实施有效防御，因此，德军的坚固防线崩溃了，英国人胜利了。一位空军观察员写道："巨大的车辆一路摧枯拉朽，它们的身后是欢呼雀跃的英国军队。"

◎一战骑兵装束

这种胜利的价值，不仅打破了堑壕战的僵局，同时也描绘出坦克战术的基本框架。直到第一次世界大战结束，谁也没有对装甲兵的战术运用和是否最大限度地发挥了战术技术优势产生过怀疑，从而形成了装甲兵战术运用的基本模式。

康布雷战役，大规模的装甲兵突击已孕育着现代机械化战争的一场革命。一些思想敏锐的军事理论家，从英军在扩大战术突破战果的失败中，看出了装甲兵部队在夺取和巩固胜利中的重要作用，开始把坦克看成是与骑兵相当的现代兵种。而那些创新意识迟钝的军事将领们，对这种趋势并没有引起高度注意，而战略意识极强的富勒，面对胜利，却提出了使用装甲兵方面的批评意见。

富勒认为："由于不重视坦克在战术变革上的价值，所以，未能将康布雷之战打成一场胜利的突防战，是令人十分遗憾的事。"

战功赫赫

第一次世界大战进行到1918年,交战双方都已打得精疲力竭,难以再战。

"请禀报'陛下',我有要事进见。"一天,德皇威廉二世急着召见了德军统帅部兴登堡元帅。"俄国布尔什维克夺取了政权和宣布退出战争以后,我们能否结束东线战事,集中兵力于西线战场,与协约国展开决战?"威廉二世问道。

山穷水尽的德国似乎看到了新的转机,于是决定迅速东兵西调,在大批美军运到欧洲之前,在西线发动新的进攻,把英法军队打败!

到1918年3月,同盟国在西线共集结了197个步兵师,协约国集结了167个师,双方各有各种火炮约16000门,英法军共拥有3800架飞机,德军有飞机3000架。德军的装甲兵力量处于劣势,有坦克不足200辆,英法军拥有绝对的装甲部队力量优势,共有各种坦克900辆。

德军调整部署后,首先在埃纳河地区发动了强大攻势。接着,协约国和德国军队在马恩河地区又展开了大规模激战。英法军大批装甲兵部队毫不犹豫地冲进了马恩河战场,一时间直杀得尸横遍野,天昏地暗。

德国进攻法国的野心由来已久。早在1905年和1906年间,德军总参谋长A.V.施利芬在他制定的《对法战争》备忘录中,曾这样认为:"在敌人还未来得及完成动员和展开本国的武装力量之前,就要充分利用攻击的突然性和兵力兵器的强大优势,从战

争开始,给对方的战略第一梯队以决定性的杀伤,然后向敌腹地迅速进攻,在敌方动员和使用其军事和经济潜力之前,将其彻底粉碎。力求在几个月或几个星期内,夺取战争的胜利!"

新任德军总参谋长的小毛奇,继承了施利芬的衣钵。在他策划第一次世界大战时主张:"在战争的第一阶段把基本兵力集中于西线,以一次战役行动,在6个星期之内打倒最强大的敌人——法国!"

但小毛奇没有想到,他的如意算盘把自己的力量估计得过高,把对方估计得过于无能。尽管他以闪电式的"机动战"凶狠地杀向法国,最终还是打成了胶着状态的堑壕战,德军被挡在了马恩河一线。

马恩河突出部,是在德军突破埃纳河防线时形成的。由于1918年5月27日至6月5日,德军在埃纳河地区发动了大规模进攻,结果形成了正面80余公里、纵深达60多公里的埃纳河—马恩河突出部。德军的进攻被阻止了,但英法军也无力将德军击退,交战双方就地掘壕、筑垒,才出现了堑壕战对峙的僵持局面。

法国是世界上发展装甲兵部队最早的国家之一,在英国的影响下,法国发展了自己的装甲坦克兵部队。

◎德国将领小毛奇

在1915年8月的一天，埃斯顿上校接到命令："前往索姆地区参观英国的新式武器表演。"

马达声轰鸣，一个庞大的"钢铁怪物"吐着火舌扑向"敌军"阵地。越障碍、过堑壕、通过铁丝网，如履平地。埃斯顿上校对英国的这种"神秘武器"早有耳闻，就趁此机会对英国的这种新式武器了解了个仔细。时隔不久，一份书面报告就摆在了法军总司令霞飞的办公桌上。

"……难以置信，英国的这种'陆地巡洋舰'既能攻，又能守，刀枪不入，是对付敌人铁丝网、堑壕和机枪火力的理想兵器。……我建议研制一种能装有火炮和机关枪的装甲战斗车辆，总重量约12吨。"

◎法军总司令霞飞

霞飞总司令立即批准了埃斯顿上校的建议。1916年8月，法军总司令部作战局又根据埃斯顿的建议，规定了"坦克进攻的目标和方法"，至此，法军第一部装甲兵作战运用原则问世了。当月，法军组建了第一支装甲兵部队——"突击炮兵群"，该部队列入炮兵建制，埃斯顿上校成为法军装甲兵发展史上的第一位坦克指挥官。

在以后的几年中，法国将"突击炮兵群"改编为"坦克营"，分别以坦克连或营配属给步兵师作战。1918年在雷斯森林防御战中，首次将编有30辆坦克的坦克营配属给步兵师，阻击德军的进攻。6月，法军又将共编有90辆坦克的2个坦克营，在巴黎东北的维雷科特雷地区，以连、排为单位配属步兵向德军实施反突击，首创以坦克连支援步兵连独立遂行协同作战任务的先例，对法军后来装甲兵的发展和作战运用都产生了一定影响。

1918年7月14日，法军正式颁发《坦克部队战斗条令》，进一步明确了装甲兵部队的编成、作战原则等有关规定，首次在条令中规定了"装甲兵部队应密集使用"的作战原则。

此时，马恩河地区的激战难解难分。德军统帅部兴登堡元帅和鲁登道夫将军，一心要挽回败局，遂在国内和德军中大力进行蛊惑人心的"争取和平之役"的战争煽动。德军统帅部宣称："1918年7月上半月，德军将进行一次进攻战役，以此恢复军队的士气，我们即使打不赢这场战争，哪怕是促使协约国同意对德国签署体面的和约也好。"于是，德军统帅鲁登道夫决心："在西线投入德军所能使用的全部兵力，一举粉碎协约国军队，使1918年成为夺取胜利的一年。在3月至7月间，以全部力量实施'米夏埃尔行动计划'，在亚眠地区截断英法军队，把英军赶往大海，把法军赶往巴黎！"

鲁登道夫迅速部署兵力，发出进攻命令："以第1、第7和第3集团军共3个集团军48个师的兵力，6353门火炮和900架作战飞机，在提埃里堡—埃纳河88公里地段上一举突破法军防御，进而插入法军后方，挺进巴黎！"

"侦察发现，德军的部队调动频繁，正在大规模调整部署，各种迹象表明：德军有可能向巴黎方向大举进攻。"有关情报迅速传到了福煦元帅的指挥部。

为粉碎德军的进攻，协约国军队吸取了5—6月份作战中的经验教训，开始寻求制胜德军的有效途径。福煦元帅被任命为法国战场上所有协约国军队总司令，统一协调和指挥协约国军队的作战行动。福煦决心先防后反，采取的相应措施为："建立纵深梯次配置的防御部署，在受德军威胁的主要方向上集结新锐兵力，增加装甲兵部队、炮兵和航空兵的数量。首先以顽强的防御作战疲惫德军，消耗德军力量，随后转入反攻，把德军赶过马恩河防线。"

福煦元帅要求："进一步侦察德军的部署情况，摸清他们进攻发起的时间，从被动中争取主动。"

"根据可靠情报，德军的进攻时间为7月15日。"于是，相对应的协约国军队向德军主要进攻地段集结兵力，并加快了

◎福煦元帅

向法国调运美军的进度。在战役前夕，美国已将29个师约100万人兵力调到了法国。协约国军队立即进行统一的战役部署：在预定进攻地段内，协约国军队部署了法军第4、第5和第6集团军共33个步兵师，3个骑兵师和3000余门火炮，法国装甲兵部队加入了该地区的战斗。

7月15日凌晨零时30分，福煦元帅一声令下，上千门大炮发出怒吼，炮声隆隆，弹片横飞。猛烈轰炸已经发起对德军兵力集团和指挥系统的冲击，使德军的进攻部署和协同指挥乱了阵脚。

◎投降的法国坦克

1时10分，德军的炮火攻击开始了，猛烈的炮火袭击进行了3小时40分钟。顷刻之间，第4集团军的阵地上浓烟滚滚，火光冲天，爆炸声惊天动地。

为了使损失降到最低，根据福煦元帅的命令，法军第4集团军的部队早在德军进行炮火准备之前就撤到第二道防御阵地，在那里等待进攻的德军。德军在发起进攻的当天，向前推进3～4公里，顺利占领了被法军放弃的第一道阵地。德军大喜，继续冲击，但在冲击法军第二阵地时，被第4集团军猛烈的火力打了回去。在若尔贡、圣埃夫雷兹的进攻地段，法军第5、第6集团军的防御被德第7集团军突破了。德军当天向前推进了5～8公里，为了进一步发展进攻，德军企图强渡马恩河。

福煦元帅命令部队阻击德军。法国空军一天内出动了近60架轰炸机，向企图强渡马恩河的德军轮番轰炸，数千吨炸弹换来了德军的进攻受挫。

尽管此阶段的主体是防御，协约国军队进行着反攻准备。他们想找到一种合理的突破方式和作战手段，并谋求一举夺得战争的胜利。坦克似乎符合他们的要求。按照"装甲兵部队应密集使用"的作战原则，21个坦克营全部配属给第一梯队步兵师，以步坦结合的方式投入战斗。

协约国军队的反攻部署的基本方式是：法军的4个集团军和几乎全部的装甲兵部队，另有美军8个师、英军4个师、意军2个师的强大兵力，在空、炮火力支援下，向埃纳河—马恩河突出部的德军发起猛烈反攻。

德军对巴黎的威胁比较大，为了缓解压力，协约国军队集结了25个步兵师和3个骑兵师的强大兵力，约500辆坦克、2103门火炮和1100架作战飞机在主要突击方向50公里的地段上。相对应的德军共有18个步兵师、918门火炮和800架飞机。协约国军队明显占有兵力火力优势，在主要方向还集中有强大的装甲兵部队，支援步兵作战。

反攻开始了。7月18日4时35分，法军的两个集团军突然转入反攻，法军在未进行炮火准备的情况下，装甲兵部队的213辆坦克引导步兵，发起了猛烈冲击。在丰泰努阿—别洛的正面，向费尔安塔尔丹努阿方向实施主要突击。

7月下旬初的一天，德军终于坚持不住了，德帅兴登堡向德皇威廉二世报告："部队损失惨重，已经失去了继续阻止敌军的强大攻势的力量了。"

德军开始撤退，同时这也是德军在第一次世界大战中的第一次"败北"。法国装甲兵部队引导步兵乘胜追击，德军溃不成军，扔下重型装备和火炮，丢下燃烧的坦克战车和尸体，仓皇逃去。直到8月4日，德军才在韦尔河—埃纳河稳住了阵脚。在此其间协约国军队的战线向北推进了40公里，消灭德军12万人，解除了德军对巴黎的威胁。

马恩战役在第一次世界大战中的战略意义非常重大。德军包抄法军的计划因此化为了泡影，同时宣告了德国"速决战"梦想的彻底破灭。至此，战略主动权完全被协约国掌握了。战役刚一结束，德军参谋总长小毛奇沮丧地向德皇威廉二世报告：

"陛下，我们输掉了战争……"

1918年初夏，德军的战斗力已经受到了很大削弱。已无翻身的可能。

根据协约国军队指挥部的计划，对法国境内的德军实施进一步的反攻，消除德军对亚眠和巴黎—亚眠铁路的威胁。德军的第2集团军，辖7个步兵师，840门火炮和106

架飞机，遭协约国军队多次打击后，战斗力已被削弱。

协约国军队在亚眠地区作战的兵力，还得到包括加拿大4个师、美国1个师和澳大利亚8个师兵力的支援。英军甚至还派出拥有当时最新装备(V型坦克)的装甲兵部队。

根据协约国军队指挥部的统一计划，英军是此次进攻的主力，亨利·罗林森爵士指挥英第4集团军实施主攻，法国第1、第3集团军担任支援任务，并随之建立强大的预备队。

为了使强大攻击力量不间断，福煦元帅决定：600辆坦克的庞大机动装甲兵部队，2000门大炮、800架战斗机和轰炸机作为预备队而保留。

罗林森制定了具体进攻方案以达成战役的突然性：大量使用装甲兵部队，以炮兵火力压制的传统打法被放弃了，取而代之的是在烟幕掩护下，由装甲兵突然向德军发起冲击，再现1917年康布雷战役以坦克为先导奇袭战的精彩场面！

8月8日凌晨4时20分，协约国军队秘密发动了对亚眠的强大攻势。英军将领罗林森指挥的装甲兵部队和步兵在弹幕的掩护下，突然向德军的防线扑去。顷刻之间，德

◎协约国炮兵阵地

◎丢弃了重型装备溃败的德军

军阵地上到处都是协约国冲击的坦克，战火熊熊，火炮被摧毁，车辆在燃烧，枪炮声、爆炸声、厮杀声惊天动地。到处都是被摧毁的坦克车辆、火炮残骸和尸体……

为顺利进一步发展进攻和扩大战果，96辆坦克配属骑兵军，编组为"发展胜利梯队"。此时协约国军队参战的装甲兵部队坦克和装甲战车达到670辆，其中511辆作战坦克和160辆供给坦克，另有12辆装甲车参加了战斗。在主要突破地段内，装甲密度达到了平均每公里21辆之多，是装甲兵问世以来坦克第一次大规模投入作战使用。

德军面对装甲部队的进攻尚未来得及组织有效抵抗，就基本全部丧失了战斗力。进攻战斗的两小时内，英军俘虏德军官兵高达1.5万人，缴获了大量火炮。与此同时，协约国军队突入德军防御纵深11公里，歼灭德国官兵2.8万人。

尽管德军指挥员加强了防御，但在协约国军队的强大装甲攻势下，德军溃不成军，阵地被突破，驻守该地域的德军约7个师的兵力几乎全部被歼灭。此后几天的战斗，协约国军队装甲兵引导下的攻势锐不可当，德军一路溃败，被对方突破阵线18公里，损失了约5万人。法英军队在装甲兵部队引导下的进攻愈战愈勇，而德军屡战屡败，被迫进一步撤退。蒙迪耶被协约国军队收复了，解除了德军对亚眠地区的威胁。

此役，协约国军队装甲兵部队的攻势锐不可当，顺利突破了德军要塞化的半永久阵地，沉重打击了德军，给德军统帅部留下了不可磨灭的深刻印象。在德军统帅E.鲁登道夫后来的回忆录中，他这样说道："8月8日的战斗是这次大战史上德军的噩梦。"

知识链接：

组织协同动作：为使参战力量形成有机整体而计划与协调各部（分）队相互配合行动的活动。通常于战前在现地图、沙盘上或利用计算机系统组织。作战中应根据情况变化及时调整或恢复协同。

第二章
"闪电" 闯入战场

自从1939年德国的闪电战闯入世界舞台后,主战坦克就成了战场上的主导力量。德国人凭借自身的优势,率先把"战场怪物"运用到极致。坦克在闪击战中发挥了重大作用。

"日耳曼战车"

在第一次世界大战中，坦克为英军发挥了不朽的作用。受到坦克第一次作战成功的鼓舞，英军开始大力投入坦克作战，逐步改变了地面战的僵局。由于坦克的出现，一战盛行的专门对付步兵的战壕战逐渐走向衰落。与此同时，深受坦克打击之苦的德军不得不开始琢磨新的反坦克武器。

然而到了二战，局势已完全改变，德军完全采用了一战英军的优势。在入侵苏联之前，德军的"闪击战"已经在西线屡次获得巨大成功。通过入侵波兰、法国等一系列战役，德军对快速部队的运用、陆空之间的协同已经达到了相当成熟的地步。根据西线作战的经验，德国装甲部队在新的条令中，提出了装甲兵作战的标准形式："明确地形成重点，尽可能在敌人预想不到的地方实施突破，和空军作紧密的协同。攻击时不要担心暴露侧翼。迂回并且包围敌人。"德军闪击战应用军事科技的新的优势，依靠坦克集群的快速突击，以及飞机的空中火力和纵深机降、伞降的高速配合，形成威力巨大的现代"撞城锤"。由于时空关系的改变创造的新的作战理论，产生了时人难以想象的作战效能。

◎德军开进布鲁塞尔

人们常用"晴天霹雳"来比喻闪击战。它是用优势的战略力量，实施战略突袭和快速进攻，谋求战略速决的一种作战样式。其基本原则是：秘密完成战争准备和战略展开；不宣而战，保障达成战略行动的突然性；以战略轰炸和空中突击配合陆战、海战，实施快速进攻；把主要战略力量用于首次战略突击，谋求初战决胜；集中优势力量于主要战略方向，以双钳突击，围歼敌重兵集团；以外交活动、"友好"往来，隐蔽其战略企图。闪击战的目的是，迅速摧毁对方的抵抗能力和意志，求取战争速胜。希特勒吸收了施利芬的"速决战"思想、鲁登道夫的"总体战"理论、杜黑的"空军制胜"论和富勒的"坦克制胜"论，创立了闪击战略和闪击战的作战方法。

在第二次世界大战中，他运用了这一战法，先后在106天的实际作战时间里，灭亡了波兰、丹麦、挪威、荷兰、比利时、卢森堡、法国等国，继而又闪击苏联，使苏联在战争初期被动挨打，损失惨重。世界人民反法西斯战争的胜利，宣告了希特勒闪击战略的破产。而在"闪击战"中，坦克兵和他们的钢铁坐骑又扮演了一个极其重要的角色。

在苏德战争爆发之前的岁月里，闪击战理论逐渐成为德军的作战指导思想，不仅贯彻到作战指挥和指挥官培训中，也影响了军队的编制、训练和武器装备的研制。

◎闪击战

在部队编制方面，德军建立了装甲师的编制将坦克集中起来，并建立了庞大的歼击航空兵和强击航空兵部队，还着手组建了相当规模的空降兵部队以适应闪击战的需要。在部队训练中，德军强调精兵政策和部队的持续作战能力。在武器方面，德军研制装备了大量火力猛烈的MP—38冲锋枪，具有高射速特点的MG—34通用机枪，坦克的研制思路是强调机动能力和乘员的合理配置，并发展了一系列性能较好的歼击机（例如ME—109）和俯冲轰炸机（例如"斯图卡"）。

并开始对支援负责扩大战果的步兵的突击炮进行探索性研制、装备、使用。对于波兰、法国、比利时等等纵深浅、抵抗意志薄弱的国家，德军通过几个战役的重大胜利就能迫使其屈服。尤其在侵略法国的行动中，闪击战的作战原则被深刻验证，奉行机动作战原则的德军彻底摧毁了迷信战壕战的法军，此战之后，德军装甲部队的数量得到大大增长，德国空军也迎来了他们的鼎盛时期。

德军在一战结束后，《凡尔赛条约》规定"德国陆军人数限制在10万人以下，不允许德国发展坦克、潜艇和战斗机"，然而魏玛时代的德国国防军却暗地里与苏联合

◎苏联的坦克兵们

◎MG—34冲锋枪

作，着手研制自己的坦克。在20世纪二十年代末，德国专家在苏联喀山的试验基地秘密测试了英国劳埃德4型坦克，并购买两辆，这就是后来德国PZ 1型坦克的原型。

德军装甲部队在古德里安出任国防军摩托运输部队总监时期，发展迅速。他设想的德军装甲部队应有装备反坦克炮的中型坦克，实现突破（PZ 3型）和装备大口径压制火炮的中型坦克提供炮火支援（PZ 4型）。但是当时的德国军火工业由于缺少设计制造先进坦克的经验，而且还不能指望外援，只能白手起家。德军急切需要坦克训练装备部队，因此也只好降格以求了。1932年，德军军械署提出一种轻型坦克的设计要求，最后奔驰的车体和克虏伯的底盘分别中标，组合起来就成了"装甲战车1型"坦克，简称PZ 1型。它的重量在5到6吨之间，而且是两人操纵的轻型坦克，装配有两挺7.92毫米口径的机关枪。它采用的是克虏伯或马巴赫汽油引擎，最高时速可达25英里，行程可达120英里。但跟同时期的欧洲其他国家的现役坦克相比，这款坦克简直

◎虎式坦克

像个玩具，它的装甲只能承受轻武器射击和弹片的攻击。然而德国国防军却毫不嫌弃，大量订购，而最初的德军装甲部队就是在这些微型坦克里磨炼技术的。PZ 1型坦克从1934年开始批量生产，到1939年停产，一共生产了1500辆。

德军也清楚PZ 1型坦克的诸多缺点，随后，MAN公司在1935年推出了威力更大的2号坦克。它的出现旨在填补更大的3号和4号坦克之间的空缺。它的重量可达9到10吨。根据不同变形，它可以容纳3名机组人员，并且配有1门20毫米口径的火炮和1挺同轴机关枪。主要的投产车型具有5个椭圆形弹簧负重轮，采用140马力的马巴赫汽油引擎驱动，这些特点使它具有很强的越野性能。它的最高时速可达25英里，行程大约有100英里。德军统帅部下令大批生产，到1942年停产时，共生产了1800辆。

德国在西班牙内战中吃过苏联坦克的苦头后，为了尽快赶上与苏联的差距，终于在1937年定型生产PZ 3。这种坦克就是闪电战的真正主角。PZ 3型坦克重20吨，配有37毫米口径的火炮，与当时标准反坦克炮的装备相同。许多专家主张采用50毫米口径的火炮，事实也证明了这一点，因此后期版本采用的都是50毫米口径的火炮，射速更高，装甲穿透力也更强。此外，装甲厚度也逐渐由半英寸多增加到了将近3英寸。根据不同的款型，PZ 3型坦克采用250到300马力的马巴赫汽油引擎。它可以乘载5名乘员，最高时速可达20到25英里，行程为100英甲。它还被制造成了专门的指挥车和火炮观察车。最后一款配有75毫米口径的火炮。PZ 3型坦克直到苏德战争初期都是德军装甲部队的主力，1943年停产时共有6100辆出厂。

还有一种德军比较著名的坦克：38T，实际上38T是捷克制造的坦克，正式名字是CKD 38T型。当德国在1939年占领捷克斯洛伐克后，斯柯达、普拉加和CKD公司按照命令继续生产。38T型坦克全重10吨，高2.3米，装甲厚度25毫米，后来增加到50毫米，装备一门37毫米L/48加农炮，两挺机枪，六缸汽油发动机功率150马力，公路最高时速42公里。它们可以携带4名乘员，同时还配备了两个整编装甲师，隆美尔将军指挥的第7装甲师就在其中。38T坦克是轻型坦克，战斗效能近似PZ 3型，但重量只有PZ 3型坦克的一半，因此机动性很好。由于38T的装甲是铆钉接合的，中弹时铆钉会被震落，在坦克内部横飞，会造成不必要的伤亡。

1941年德军入侵苏联时，PZ 3型和4型坦克分别装备的50毫米L/60加农炮和75毫米L/24短身管火炮是德军主要的坦克炮，尽管在500米的距离上分别可以击穿60毫米均质钢板和38毫米钢板，但根本无法威胁重达28吨T—34的正面装甲。德军坦克炮的威力相比苏联T—34和KV—1的炮火威力还差距悬殊，这种劣势直到1942年夏天才开始逐渐扭转。

ⒸCKD 38T型

德军军械署只有提升PZ 3型坦克的装甲和火力，才能应对T—34坦克的挑战。由于底盘和炮塔的限制，对PZ 3型坦克无法装备更厚的装甲和威力更大的火炮，于是4型坦克披挂上阵，替代了PZ 3型成为主战坦克。4G型坦克于1942年5月批量生产，该型号坦克的正面装甲增加到60毫米，战斗全重为23.5吨，主炮为KWK40型75毫米L/48加农炮，该炮在500米距离上可以穿透108毫米钢板，使德军坦克火力第一次超过了苏联T—34/76坦克。此后又相继出现4H、4J等改进型，正面装甲再增至80毫米，两侧加装裙甲，战斗全重最后达到25吨。德国到战争结束总共生产了超过9000辆这种坦克。然而被称为"突破坦克"的德国虎式坦克担当装甲集群的突击箭头，却没有大批装备部队，只是组成重型坦克营，所以4型一直是装甲部队的中坚力量。每个重坦克营有45辆虎式坦克，通常是装甲军或集团军的直属部队，临时配属给担任突击箭头的装甲师。德军先后组建了14个重坦克营，其中11个隶属国防军，3个隶属党卫军。虎式坦克到1944年8月停产，一共生产了1355辆。

那么虎式坦克是不是二战德国最好的坦克呢？答案是否定的。从宏观的角度看，虎式坦克名不符实，甚至可以称为"一个美丽的错误"，致命弱点是机动性太差，机械性能太不可靠。

公平地说，虎式坦克的发动机、传动和悬挂都是一流的，而且机动性也不算差。引擎是每巴赫12缸汽油发动机，功率700马力，推重比是每吨12.5马力，这自然比不上

◎德军二战主力坦克（模型）

◎前苏联T—34坦克

T—34的19马力和M4谢尔曼的16马力，但至少和4型坦克一个水平。事实上虎式坦克的公路最高时速达38公里，一点也不慢。最大的问题出在油耗和重量。虎式坦克油耗惊人，公路上一满箱油只能跑100公里，如果是越野航程至少减半。也就是说，一辆虎式坦克常常需要加油，经常在战斗白热化的时候不得不离开战场，战斗效能大打折扣。其次是虎式坦克56吨的重量，欧洲绝大多数桥梁承重极限是36吨，因此虎式坦克所到之处，都必须有工兵在前开路，测试路面，加固桥梁。

庞大的身躯和56吨的重量，即使一流的动力系统也难以保证虎式坦克正常运行，即使人人精通保养维修技能，也难以避免抛锚的发生。整个战争过程中，损失的虎式坦克，多是因为机械故障被遗弃，而真正被击毁的数目很少，很多坦克甚至不能完好无损地从火车站开到前线。在1943年库尔斯克战役前夕，希特勒卫队装甲师的第13重坦克连有17辆虎式坦克,在集结途中就有6辆抛锚,进攻时只剩下11辆。希特勒卫队师在向北快速突进过程中,几乎每天都有虎式坦克因故障掉队,在普罗霍罗夫卡坦克大战爆发前夕,只有3辆虎式坦克加入战斗。盟军诺曼底登陆时,党卫军第一装甲军下属重坦克营竟有30辆虎式坦克需要维修,8辆坦克正在大修,没有一辆能够立刻出动。

由于数量太少,虎式坦克只能壮个声势,发挥不了实质性的作用。德国在整个战争期间只生产了1355辆虎式坦克,而苏联T—34坦克一个月的产量就超出了这个数字。在一般情况下虎式坦克只有四五百辆分散在东线、西线和北非战场,每次战役最多能够集中数十辆参战。1944年盟军诺曼底登陆时,德军装备部队的虎式坦克达到历史最高点一共也就只有613辆,到这年底整个西线能够作战的只剩下23辆。

说虎式坦克是"一个美丽的错误"就是因为虎式坦克的费效比实在太低,是典型的资源浪费,它是二战时期德军武器设计理念的折射。假如用同样的资源生产其他实用的坦克型号,德军装甲部队的战斗力将会提高一个档次。当时,一辆虎式坦克造价

◎T—85型坦克

第二章 "闪电"闯入战场 | 41

©德国四号架桥坦克

◎虎式坦克

30万马克，需30万工时，是豹式坦克的两倍，4G型坦克或者M—109战斗机的三倍，Stug 3型突进炮的四倍。

但是，即使这样，德国的虎式坦克在二战中，尤其是在二战开始的一段岁月里却建立了赫赫战功。

知识链接：

闪击战：在较短时间内决出胜负的作战。二战初期，纳粹德国打造的闪击战，似乎无往而不利，27天内征服了波兰，1天内征服丹麦，23天内征服挪威，5天内征服荷兰，18天内征服比利时，39天内征服号称"欧洲最强陆军"的法国……闪击战确实曾辉煌一时，堪称战争史上的一大经典。闪击战挟最新高技术兵器以最小的损失，突然、迅速地达成战争目的，其理论魅力至今依然不减。

加农炮：身管长、初速大、弹道低深的火炮。通常身管长为口径的40倍以上，初速大于700米/秒，射角在45度以下。主要用以设计垂直目标、装甲目标和远距目标。

◎诺曼底登陆

◎豹式坦克

闪击波兰

坦克和战术支援飞机成为战场上的主要武器。"闪电战"成了新的战争模式下的新词语。德国陆军的将已实现机动化的组织严密的坦克、装甲车、突击炮与集成步兵、炮兵和工程部队结合使用的新型战术,对敌军造成致命打击,使敌军败退。在空中,俯

◎二战德国四号坦克(模型)

冲轰炸机像巨浪一样扮演着"空中火炮"的角色，为地面部队提供炮火支援。这种战争模式一直延续到了1942年，并且险些将整个欧洲都纳入轴心国的势力范围。

其中，最著名的战役，还得说是闪击波兰。1939年8月31日，希特勒下达了第一号作战指令，命令德军于1939年9月1日凌晨发起攻击，迅速攻占波兰。希特勒要求德国军人要有钢铁的意志和决心，不给波兰以任何喘息的机会。希特勒说："如果部队停止不前，那就是指挥官的责任，在战争中要不惜任何手段取得胜利，在胜利后，人们是不会追究胜利者的责任的。"

波兰西部的波军对其身后一大片防守薄弱的开阔地带没有足够重视，这为德军南北夹击并歼灭聚集在德波边境的波军集团提供了绝佳的机会。希特勒精锐的装甲师在古德里安的装甲闪击战理论的指导下，承担起支撑德军快速攻势的任务。为此，德军集中了62个师，160万人，2800辆坦克，2000架飞机，6000门火炮，组成了南路和北路两个集团军群。

南路集团军群共编制八个步兵军和四个装甲军，它的任务是首先歼灭西里西亚地区的波军集团，而后从西南迂回华沙。

北路集团军群共有五个步兵军和一个装甲军，它的任务是切断波兰走廊，彻底围歼聚集在这里的波军集团，而后从东普鲁士南下，从背面攻击维斯瓦河上的波军，并从

◎德国的装甲坦克车

东北方向迂回华沙。

尽管波军和德军在人数上相当且士气也不差,但他们的装备相对落后,他们仅拥有的大部分极少数已经过时的现代化武器在德军精锐的装甲部队面前显得不堪一击,这就是波军失败最为致命的根源。

1939年9月1日凌晨4时50分,德国单方面撕毁了德波互不侵犯条约,对波兰发起攻击。纳粹空军向波兰机场发起进攻,波兰空军损失惨重。同时,波兰的交通枢纽、桥梁和部队集结区域也都遭到纳粹空军的猛烈攻击。德军装甲部队迅速突破波兰的防线,大量波兰军队被包围。这些部队也被随后跟进的步兵歼灭了,同时装甲部队继续前进。成千上万的波兰军队在德军的闪电战中稀里糊涂地沦为俘虏。

当日,希特勒宣布:"波兰已被我帝国军队攻入,德国进入全面战争状态。"希特勒宣称:"从现在起,我只是德意志帝国的一名军人,我又穿上这身最为神圣、最为宝贵的军服,在最后的胜利之前,我绝不脱下这身军装。"

◎瑞典STRV 122

1939年9月3日正午，法国向德国发出期限为当日下午5时的通牒。由于德国对英法两国的通牒置之不理，从而英法两国对德宣战，第二次世界大战全面爆发。

波军统帅部万万没有想到战争会以闪击战的方式进行。然而波军统帅部还认为，只要他们实施坚决的反击就可以取得胜利。波军统帅部命令他们的骑兵向德军坦克发起自杀式的冲锋，结果遭到了毁灭性的打击。这是波军统帅部犯下的第二个致命错误。波军在德军闪电式的进攻下已经失去了反击的能力。

◎德国A7V坦克内部结构图

1939年9月6日，波军所有部队在总司令利兹元帅的命令下撤至维斯瓦河以东，组成维斯瓦河—桑河防线。波兰政府当日仓皇撤离华沙，迁往卢布林，败局基本已定。这时波兰把全部的希望都寄托在英法联军身上。

1939年9月15日，德军抵达维斯瓦河和波兰首府华沙近郊。

1939年9月17日，德军打通了波兰走廊。北路集团军群和南路集团军群分别从东普鲁士向南和从德国向东进攻，德军已经完全切断了华沙同周围地区的联系。此时，从捷克斯洛伐克攻击的德军占领了波兰的南部。当日，苏联军队突然出现在广大的东面战线上，从而使得波兰的最后希望也破灭了。

1939年9月19日，德军在布勒斯特、力托夫斯特遇到了前进的苏军。残余的波兰抵抗力量被苏德联军包围。

1939年9月27日，华沙守军投降，德军占领了华沙。希克尔斯基将军在巴黎组建了流亡政府。将部分逃脱的波兰士兵在法国组建了一支新的军队。

1939年12月5日，波兰境内停止最后的抵抗。结束了20年的独立。德国占领了西部，苏联占领了东部。

在整个波兰战役中，德军装甲部队以极小的伤亡取得了巨大的战果。整个波兰走廊战役中，古德里安指挥的四个师，只阵亡150人，伤700人。

丘吉尔不得不承认：通过波兰战役，我们已经看见了现代闪击战的一个完整的标本；看见了陆军和空军在战场上的密切配合。看见了对于一切交通线以及任何可以成为目标的城镇所进行的猛烈轰炸。看见了摩托化部队的灵活使用，最重要的是，看见了大批装甲部队势不可当的冲锋。然而波兰人民却不是忍受这种苦难的最后一个民族。

"镰刀闪击"

希特勒命令德军在波兰战败后一周之内,以最快的速度进攻法国,很多将军因反对此项命令全部被解职,并且被希特勒斥为失败主义者。德军最高统帅部根据希特勒的主张制定了进攻法国的黄色方案。

黄色方案是德军在西线整编为三个集团军群。B集团军群在主攻荷兰和比利时后,沿海岸线进行攻击。A集团军群主要是支援B集团军群的南面侧翼。在马奇诺防线正面C集团军群仍要保持防御态势。黄色方案的核心与"左翼牵制,右翼包抄,攻克巴黎"的施利芬计划类似,是在比利时以强大的右翼击败英法联军,用左翼进行掩护并牵制马奇诺防线的英法联军。希特勒自己认为黄色方案可能会

◎战争狂人希特勒

导致静态消耗战，因此他提出要进攻英法联军的中心。随后最高统帅部又制定了几套不同的方案，但希特勒都不满意，因为这几套方案只对原来的黄色方案进行了很少的改动。此时已经到了冬天，希特勒只好将进攻日期推迟。

曼施坦因担任着A集团军群参谋长，他认为如果按照黄色方案进行，在行动结束后很难对法军造成很大的伤害，而且方案的意图还过于明显。因此他提出了新的计划——镰刀闪击，也就是曼施坦因计划。

这个计划要求先对B集团军群进行大量缩编，然后去攻打比利时和荷兰，目的是诱使法英军队进入比利时低地地区。此时C集团军群在马奇诺防线正面与敌交战，尽可能地消灭敌军。主攻任务由A集团军群担任，任务是先从阿登山脉突入卢森堡和比利时南部，然后绕过马奇诺防线，跨过色当和迪南之间的马斯河，最后直插索姆河。

"右翼佯攻，左翼牵制，中央突破，从阿登山脉绕过马奇诺防线直插索姆河"这就是镰刀闪击计划的核心。第一步，德空降部队在鹿特丹降落，夺取飞机场的同时，再利用伞兵夺取比利时阿尔贝特运河上的桥梁，并占领埃本·埃迈尔要塞。然后，空军同时夺取在比利时、荷兰和法国三国的制空权。最后，利用B集团军群主力，诱使

◎法国造AMX坦克

法英军队进入比利时低地地区。C集团军群与法国马奇诺防线正面交战，尽可能消灭敌军。相对实力最强的A集团军群担任主攻任务，由主力在中央地带率先发起冲击。A集团军为了在法英联军中央打入一个巨大的楔子，令其七个装甲师和三个摩托化师穿越丛林密布的阿登山脉，突入卢森堡和比利时南部，绕过马奇诺防线，跨过色当和迪南之间的马斯河，直插索姆河。

法国耗资70亿法郎，占用了法国大部分的国防开支精心修筑的马奇诺防线是由无数的炮台、地雷坑、机枪发射阵地、防坦克炮、防空炮和重型野战炮构成，还有相互连通的缆车和地道，地道里可供应水和弹药，构成牢不可破的防御体系。

◎德国摩托化部队

英法联军制定了名为B计划的战略防御方案。B计划要求当德军一发动进攻，进入比利时占领安特卫普到那慕尔一线的法军第1、第7集团军和英国远征军与比利时军协同作战。在右翼，法国第9集团军部署在马斯河沿岸，从那慕尔至法国的边境地带。

1940年3月，B计划做了若干变化，称为布雷达变体。布雷达变体要求法国第7集团军在左翼向荷兰南部布雷达突进，形成英法联军、荷军和比军连成一体的前线。法国第二集团军在南面守卫马奇诺防线。在阿登山脉部署五个师驻守即可。因为，阿登山脉被认为是不可逾越的。驻守阿登山脉的部队既没有装备反坦克武器，也没有装备防空武器系统。这恰巧落入了曼施坦因的圈套。

　　陆军有制定作战计划的传统。陆军的作战计划往往很复杂。因为陆军的战斗单位数量大，并且机动速度慢，受地形限制大，陆战时间长，可能存在的变数也多。相比起来，空军的作战计划相对简单。因为空军速度快，不存在地形问题，只有天气问题，空战时间短，变数也不多。陆军的作战计划就是多少陆军力量在何时从何地出发于何时到达或占领何地。曼施坦因计划和布雷达变体都是典型的陆军作战计划。

　　作战计划常常以许多假设条件为基础进行制定，如果假设不成立，则作战计划将极其危险。布雷达变体这个典型的陆军作战计划就是丛林密布的阿登山脉不可能被逾越和马奇诺防线不可能被突破。因此，英法联军的主要任务就是防止德军从别的国家进攻法国。布雷达变体的预想情况是将英法联军、荷军和比军连成一体对德军的进攻进行战略防御。而曼施坦因计划的三个假设条件是装甲部队可以穿越阿登山脉，英法联军在阿登山脉附近的兵力薄弱，并且英法联军会被引入比利时低地地区。曼施坦因

◎二战德军75mm pak—40反坦克炮

第二章 "闪电"闯入战场 53

◎艺术表现当年战争中的坦克

◎艺术表现当年战争中的坦克

计划的关键是A集团军的装甲部队穿越阿登山脉。曼施坦因计划的三个主要假设条件都成立了，而布雷达变体的两个主要假设条件都没有成立。兵力薄弱的阿登山脉被A集团军的装甲部队穿越，马奇诺防线被绕过了，A集团军在法英联军中央打入了一个巨大的楔子。从作战计划上分析，即使德军不采用闪击战术，英法联军也会战败，只是抵抗的时间会长一些而已。正确作战计划和创新的战术与错误的作战计划和落后的战术遭遇了，法国在六个星期内就沦陷了。

知识链接：

防空武器系统:主要用以歼灭空中目标的各种武器系统的统称。包括歼击机、地空导弹、高射炮、拦阻气球、电子抵抗等。

第三章
铁甲争雄

　　许多战略家曾在战斗中使用过成千上万辆坦克。比如希特勒装甲师的缔造者,德国的古德里安将军;还有陆军元帅,素有沙漠之狐美称的欧尼·隆美尔,以及陆军元帅伯纳德·蒙哥马利。

　　德国在二次大战中的闪电战见证了坦克从以保护步兵为目的的移动堡垒,一跃成为自成体系、功效卓著的战争武器主导着第二次世界大战的全过程。

"巴巴罗萨"

1940年12月5日，希特勒对参谋总长说："把关于进攻苏俄的计划拿给我。"

哈尔德亲自把"计划"送到希特勒那里。4小时后，希特勒批准了一个新的计划，代号"奥托"。12月18日，希特勒发布第21号指令，将其更名为"巴巴罗萨计划"。希特勒还亲自规定了进攻苏俄"巴巴罗萨计划"的"总目的"："用装甲部队纵深楔入的大胆作战，摧毁俄国西部的陆军主力，并且要防止有战斗准备的俄军撤退到俄国的广阔地区去。"

苏德战争爆发前夜，斯大林仍抱有和平幻想。1939年，苏德签订了互不侵犯和约。斯大林力求防止事态扩大，避免与希特勒这个战争疯子打仗，甚至当德国侦察机在苏联降落时，仍向边防部队命令："不得射击在苏联领空飞行的德国飞机，只要不是经常的。"然而，苏维埃国家的"和平"美梦似乎是一相情愿的。希特勒淫威西线之后，进军东线的指挥棒一挥，德国数千辆坦克在其空炮火力支援下，顷刻间"苏德互不侵犯条约"变成了一张废纸，斯大林一场"和平梦"就被碾得粉碎!

德军总参谋部"巴巴罗萨"战略图上，3个楔形进攻队标，开始向东、向苏联国土推进。顷刻间，硝烟弥漫，弹片横飞，大地在颤抖，战火在燃烧，苏联西部北起波罗的海、南至喀尔巴阡山上千公里防线被德军一举突破，腥风血雨漫卷苏联沃土。机场起火爆炸了，城市燃烧了，通信枢纽被毁，指挥和通信陷入瘫痪。当德国轰炸机呼啸着刺破黎明前的夜空，铺天盖地地扑向苏军前线机场和内地城市时，苏军飞行员们还沉浸在欢乐周末的逍遥之中。德军数千门大炮向苏军边防军驻地及其军事设施疯狂轰击了近4个小时，数千架轰炸机袭击了苏联西部的66个机场，铁流滚滚，马达轰鸣，纳粹铁蹄以疯狂的速度卷向苏联纵深。

德军集中118个步兵师，19个装甲师，15个摩托化师，约3500辆坦克，3900多架飞机，编成3个集团军群，向苏联西部、向纵深发动了大规模进攻。不过半天时间，苏军就损失了1200多架飞机，其中800余架飞机被炸毁在机场；重要军事设施被摧毁，西部地区的指挥机构和通信联络瘫痪；重要桥梁和交通要道，则完好无损地落入了法西斯德军之手。苏军抵抗部队得不到及时增援，整军整军的部队被德军包围，苏联整个西部防线被德军装甲兵集团打乱了。

希特勒"闪击"苏联，震惊了世界。以装甲集群为先锋，上有飞机掩护、下有炮火支援的集团军群的快速机动和猛烈突击，让所有国家瞠目结舌。"中央"集团军群由博克元帅指挥，直指莫斯科方向，担任主要进攻任务。下辖第4、第9集团军，并拥有古德里安第2装甲集群，辖第24、第46、第47装甲军，共计5个装甲师、3个摩托化

◎战争疯子希特勒

◎斯大林重型坦克

步兵师和1个骑兵师；霍特第3装甲集群，辖第39、第57装甲军，共计4个装甲师和3个摩托化师。

"北方"集团军群由勒布元帅指挥，直指列宁格勒方向。下辖第16、第18集团军，其装甲兵力为霍普纳指挥的第4装甲集群，辖第56、第41装甲军，计3个装甲师、3个摩托化师和2个步兵师。

"南方"集团军群由龙德施泰特元帅指挥，指向基辅方向。下辖第6、第11、第17集团军，其装甲兵力为克莱斯特指挥的第11装甲集群，辖第3、第14装甲军和第48摩托化军，计5个装甲师和3个摩托化师。

苏联在西部4个军区部署有88个步兵师，36个坦克师和18个摩托化师，共149个师的兵力，但未能完成临战准备或完全展开，被突然的大规模袭击打晕了，毫无还手之力。在度周末的苏联人，骤然从甜梦中惊醒，但已经被侵略者的铁蹄践踏得遍体鳞伤。

早在20世纪40年代初，苏联就已经发展为世界工业强国之一。苏联建立了完善的国防工业体系，组建了坦克机械化部队，坦克发展水平已居世界前列。仅1940年，苏联就生产了1110辆当时世界上最先进的T—34型中型坦克。

对苏军来说，却也是"塞翁失马，焉知非福"。在损失了众多轻型坦克后，1942年苏军使用最多的装甲车辆是性能卓越的T—34型坦克。这种坦克火力更强，装甲比最重的德国坦克还要厚，只是因为苏军的战术问题才使德国控制了1942年到1943年的战争形势。

◎苏军T—55

◎苏军战场上的坦克

◎龙德施泰特

1940年，苏军恢复组建机械化军和坦克师，重新组建了9个机械化军。1941年2月，朱可夫任总参谋长后，立即提出组建20个机械化军的宏大计划，斯大林同意了这一计划。此时战争一触即发，一年内苏联无力生产出所需的32000辆坦克。

战争爆发前夕，苏军新组建的机械化军还不足计划的一半，未能形成应有的作战能力，部署在苏联西部边境5个军区内的机械化部队，仅装备新型坦克1475辆。德国入侵苏联的陆军总兵力152个师又3个旅，共305万人，约占德国野战陆军380万人的五分之四，先后参加对苏作战的还有罗马尼亚13个师又8个旅，斯洛伐克2个师又1个支队，芬兰18个师，匈牙利5个旅，意大利3个师和西班牙1个师。希特勒将其编成北方、中央、南方集团军群及挪威集团军和总预备队。

希特勒进攻苏联的陆军主力，是经过战火锤炼的装甲兵部队。法国战局结束后，希特勒立即对装甲兵部队进行了整编和扩编，德军装甲师数量由1940年春的10个师，猛增到对苏作战前的21个师，摩托化部队增至13个摩托化师。

纳粹的铁甲洪流在苏联广阔的沃土上横冲直撞，疾速推进。博克中央集团军群以

◎T-34

◎飞奔的苏联坦克

第3装甲集群和第9集团军为左翼，第2装甲集群和第4集团军为右翼，迅速突破苏联边境防御后，全速向纵深发展进攻，对比亚维斯托克突出部和明斯克地域的苏西方面军主力，实施钳形突击。

巴甫洛夫大将受命指挥西方面军抵御德军，他曾率坦克旅参加过西班牙内战，被誉为"坦克战专家"。他错误地将部队部署在宽大的正面上，形成了战线长、纵深浅的防线，这在德军强大的攻势面前显得很无力，根本无法阻止德军装甲集群的大规模进攻。

为执行巴甫洛夫"反攻"的命令，拥有300多辆坦克的第3、第12机械化军，拖着巨大的尘埃，杀气腾腾地向北方杀去。然而，这一场铁血大厮杀，苏军西方面军第3、第12机械化军被送入了虎口，陷入德军的重重包围之中。

开战第一天，德军就顺利地向苏联境内推进了50～60公里。

德军装甲集群的大部队赶到，与前面的装甲部队会合，后续装甲集群滚滚而来。在离白俄罗斯首都不足50公里的一辆装甲指挥车上，德国最杰出的"闪击战"代表人物——古德里安，发出了强硬的进攻令：

"进攻，不停顿地进攻!一鼓作气向前推进，绕过布列斯特要塞，冲向明斯克!"德军第17装甲师迅速从南面逼近了明斯克。在古德里安北翼，德第4集团军的进攻发

◎苏军T—64

◎二战苏军1937年型45mm反坦克炮

展颇为顺利，过布格河后逐渐与第9集团军并拢。在北面，霍特上将的第37装甲集团军迅速迂回，介图形成合围。

而此时，巴甫洛夫自接到斯大林的命令后就离开了西方面军司令部，去寻找第10集团军。但他刚刚到达第10集团军后不久，就发现有2个德军集团(德第4、第9集团军)正向苏军第10集团军的背后张开大网，古德里安和霍特两个装甲集群从两翼猛刺过来。

巴甫洛夫大为吃惊，但他只看到紧靠边境地区部署的前方部队形势危急，有被德军步兵师近距离包围的危险，却万万没有料到，德军的胃口比这还要大得多，霍特、古德里安装甲集群已开始从他的后方实施深远纵深的两翼包抄。

最终，未能识破德军企图的巴甫洛夫，未经周密协同，就发布命令："所有集团

◎ 二战苏军坦克写真

军预备队和方面军总预备队，立即增援前线部队，顽强战斗，寸土不让，坚决粉碎敌军的进攻，把敌人赶出国土！"就这样，巴甫洛夫把西方面军所属剩余的部队统统西调，第16、第19、第20和第21集团军对德军实施反突击，正好送进了德军张开的血盆大口。"乌拉……"苏第3集团军向杀过来的德军第9集团军发起了反攻。巴甫洛夫把本来能够撤退出去的这一集团军，又活生生地送进了虎口。明斯克方向告急，防线上出现了缺口，严重危及到西方面军全军的安全。

6月25日，德军第2、第3装甲集群已楔入西方面军两翼约200公里，方面军主力岌岌可危。苏军最高统帅部发出紧急命令：

"第3、第10集团军，立即从比亚韦斯托克突出部撤往明斯克和斯卢茨克的筑垒地域。"但为时过晚，退路仅剩60公里宽，西方面军第3、第10集团军的部队即将陷入德军包围之中。

6月底以前，苏军放弃了博布鲁伊斯克。德军坦克长驱直入，直抵明斯克近郊。德第20装甲师的坦克群向明斯克发起了猛攻，顿时把明斯克炸成了一片火海。

◎二战德军坦克

◎二战苏联一辆坦克拦截德军

◎明斯克街头

德中央集团军群南、北两路的开路先锋,古德里安第2装甲集群和霍特第3装甲集群,在明斯克以东"铁钳合拢"。苏军西方面军主力和西北方面军一部4个集团军的20个师,约60万人,在比亚韦斯托克和明斯克之间的地域陷入德军合围。

博克为成功地将装甲集群快速突击和一举包围了苏军重兵集团,而感到十分得意。于是,他立即要建立更大规模的装甲集群,以适应新的进攻。6月底,他发出了命令:"建立第4装甲集团军,该集团军以第4集团军司令部为基础,辖古德里安第2装甲集群和霍特第3装甲集群,克鲁格元帅任第4装甲集团军的指挥官。"古德里安又指挥他的集群坦克打先锋出发了。7月初,强渡别列津纳河和第聂伯河,在莫吉廖夫地区又包围了苏军7个师。

从开战至7月9日,被围苏西方面军主力第3、第10、第13集团军大部被歼,只有第13集团军的第45步兵军分散突出合围,或进入林区展开游击作战。德军继续向纵深推进300公里。

知识链接:

迂回:绕向敌翼侧和后方的作战行动。通常用以断敌退路,阻敌增援,协同正面进攻,合围和消灭敌人。分为战略迂回、战役迂回和战术迂回。

挥出"铁拳"

"西方面军主力仍处在德军的包围之中,敌人仍在增加兵力,敌前锋的装甲集群正继续向东发展进攻,形势……"苏联国防部长铁木辛哥元帅坐在斯大林对面的沙发上,尽可能简洁和有条理地向斯大林报告着。

继比亚韦斯托克和明斯克战役之后,德军中央集团军群又以第4装甲集团军、第2和第9集团军,共60个师又1个旅的兵力,在第2航空队的优势空中力量支援下,向第聂伯河左岸和斯摩棱斯克地域的苏西方面军的部队发起了进攻,由此拉开了斯摩棱斯克会战的序幕。

博克把第4装甲集团军摆在进攻的最前头,霍特第3装甲集群和古德里安第2装甲集群,为德中央集团军群的开路先锋。7月11日,古德里安第2装甲集群在什克洛夫以北至罗加乔夫之间强渡第聂伯河,从西方面军中央突破防御后,以主力沿明斯克至斯摩棱斯克公路南侧向东突进。该装甲集群所属第24装甲军向克里切夫、罗斯拉夫利方向实施辅助突击。在斯摩棱斯克至明斯克之间的要冲波里索夫,苏军年轻的坦克学校就在那里,波里索夫坦克学校的学员和教官们组成了一支顽强的坦克部队,他们使用新式坦克多次击退了古德里安47装甲军的猛烈进攻。

"眼下,德军正一步一步向莫斯科方向逼近,无论如何也要阻挡住德军坦克的进攻。否则,莫斯科就真的岌岌可危了。可是,谁又能够承担起这样的重任呢?"突然,斯大林眼前一亮,目光落在端坐良久、没敢打断最高统帅思绪的铁木辛哥元帅身上。

当晚，皓月当空，星光闪闪，铁木辛哥元帅星夜驱车向西急驰，赶往莫吉廖夫西方面军指挥所。

铁木辛哥经过一番精心筹划和部署之后，猛地伸出"铁拳"，向法西斯德军重重打去。7月3日，德军"中央"集团军群就尝到了"铁拳"的滋味。

这是一个晴天的黎明。天刚破晓，德国一架侦察机发现一支强大的苏联装甲部队正沿着斯摩棱斯克—波里索夫公路的两侧，风驰电掣般向德军方向开进。这是一支精锐的苏军机械化部队——莫斯科摩托化步兵第1师。该师勇猛善战，装备精良，拥有各型坦克100多辆，其中包括T-34型中型坦克和KV—Ⅱ型重型坦克的装甲兵部队。

这是一场坦克对坦克的拼死鏖战。交战双方都不示弱，很快摆开了决斗阵势。

苏军T—26型、BT型坦克首先向德军发起了攻击，但他们敌不过德军马克型坦克和反坦克炮火的猛烈还击，很快化为了冲天烟柱和散乱的残骸。突然，那些其貌不扬、个头稍大的苏军KV型坦克变得异常凶猛，义无反顾地快速挺进，怒吼声中喷吐着火舌，迎头冲向敌阵。顿时，德军的马克Ⅲ型、马克Ⅳ型坦克集群被冲得乱了阵脚，四散而逃。一些不怕死的拼命抵挡，但几个回合，就被打得车毁人亡。

透过熊熊战火和漫天的烟尘，古德里安从高倍望远镜中看到了这些惨烈景象。这

◎前苏联重型坦克

个曾经杀遍西欧无敌手的纳粹"坦克战专家",被震惊得目瞪口呆,这是他以往征战中从未感受过的,一种不祥的惶恐顿时笼罩在他心头——"我的装甲部队就要真的被打败了!"

德军的装甲部队就像蚁群般倾巢而出,黑压压一片,从四面八方扑向莫斯科摩托化步兵第1师的KV型坦克部队。一阵激战,一些KV型坦克

◎前苏联IS—3重型坦克(模型)

的履带被打断,中弹起火。紧接着,古德里安的集群坦克又扑向了苏军另一支装甲部队,这支部队拥有数十辆T—34中型坦克,顿时陷于致命的法西斯火力网中。苏军坦克顽强地与敌厮杀,冲在前面的德军坦克被击中了,有的起火,有的爆炸了!一些德军坦克乘员被吓破了胆,纷纷向后倒退。但是古德里安的装甲集群还是形成铁桶式的钢铁包围圈,并调来88毫米高射炮。1小时后,虽然又有数十辆德军坦克化为了烟柱,但是苏军莫斯科摩托化步兵第1师的T—34坦克还是无法冲出包围圈。

莫斯科摩托化步兵第1师与古德里安装甲集群的交战仍激烈地进行着。双方被击毁的坦克残骸在烈日的高温和战火烤灼下燃烧。坦克车体内的弹药被引爆发生剧烈爆炸,掀起巨大的烟柱和满天的尘埃,有的被掀掉了炮塔,有的被炸断了履带,有的紧紧地挤压在一起,有的坦克履带下面压着另一辆坦克的残骸。一些装甲车辆和火炮更惨,被炸得面目全非。残酷的战斗营造出了一片焦土,田野里,道路旁,到处都是坦克残骸和被烧焦的尸体……

◎前苏联IS—3重型坦克

鏖战基辅

基辅是苏联最古老、最美丽的城市之一。它坐落在第聂伯河右岸拔起的山丘地带，是乌克兰首府和莫斯科正西经布良斯克的重要门户。乌克兰资源丰富，是苏联的工业中心和重要粮仓，具有特殊的战略地位。苏军在乌克兰地区布有重兵，包括有装甲兵部队在内的精锐部队。

经过斯摩棱斯克鏖战之后，苏德双方损失惨重，不得不进行新的调整。斯大林在西方面军后方组建了预备队方面军，以加强对莫斯科的重点掩护。就在同一天，希特勒也发布了第34号指令："中央集团军群转入防御，抽出2个装甲集群休整10天左右时间。"

希特勒准备从中央集团军群抽出几个装甲师和步兵师，调到北路，尤其要加强南路的进攻，先拿下乌克兰，再进攻莫斯科。陆军总司令部进行了多次讨论，都没有希特勒需要的结果。

德军首脑们争论的结果是：德军中路的进攻暂时停止下来，调集兵力进攻基辅。从而有了世界战争史上规模最大的一次合围。

苏军方面，朱可夫与斯大林也有不同意见。作为总参谋长的朱可夫，以主要注意力时刻注视着战场形势的发展，重点分析了德军下一步的可能行动。他认为："在近一个时期内，希特勒不敢置两翼不顾而孤军向莫斯科突进，而会分兵南路进攻西南方面军，确保右翼跟上再进攻莫斯科。"为进一步证实分析判断的可靠性，朱可夫和副手

◎基辅会战

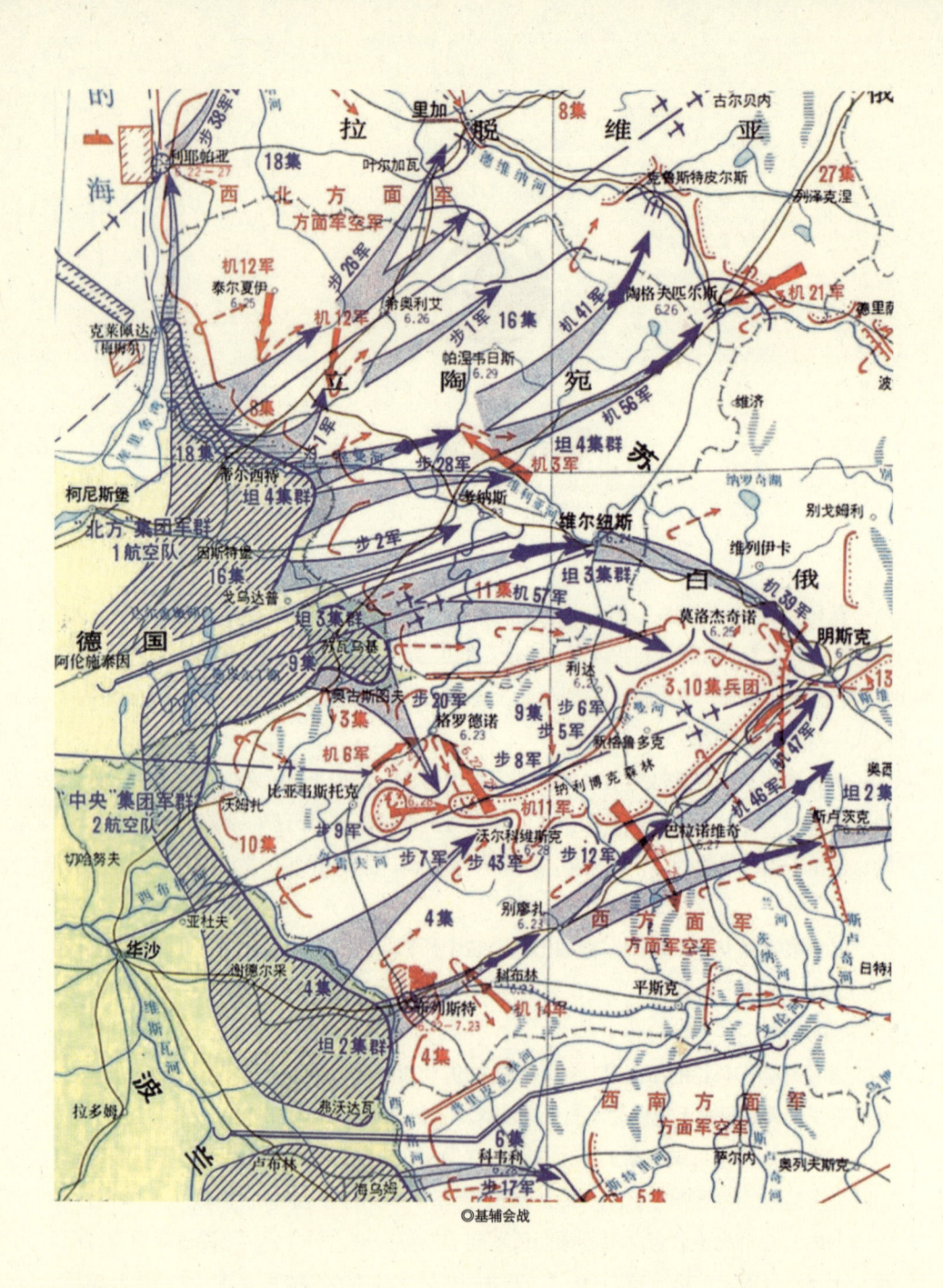

华西列夫、作战部长兹洛宾反复研究和推演后，认定了这一结论。

苏军西南方面军拥有强大兵力，辖4个集团军，各集团军编有1个机械化军，在纵深内日托米尔附近，还部署有2个机械化军，并装备有部分T—34和KV型先进坦克。

龙德施泰特舞动着铁拳，凶狠地扑向基辅，在南线的大规模进攻开始了。

德军首先以第1装甲集群、第6集团军向基辅方向发起了猛攻，苏军第5、第26集团军实施坚决的反突击。加强的古德里安装甲集群一到，龙德施泰特便加强了进攻力度。先后投入进攻的装甲兵部队有第

◎朱可夫元帅

◎前苏联KV坦克（模型）

◎莫斯科会战

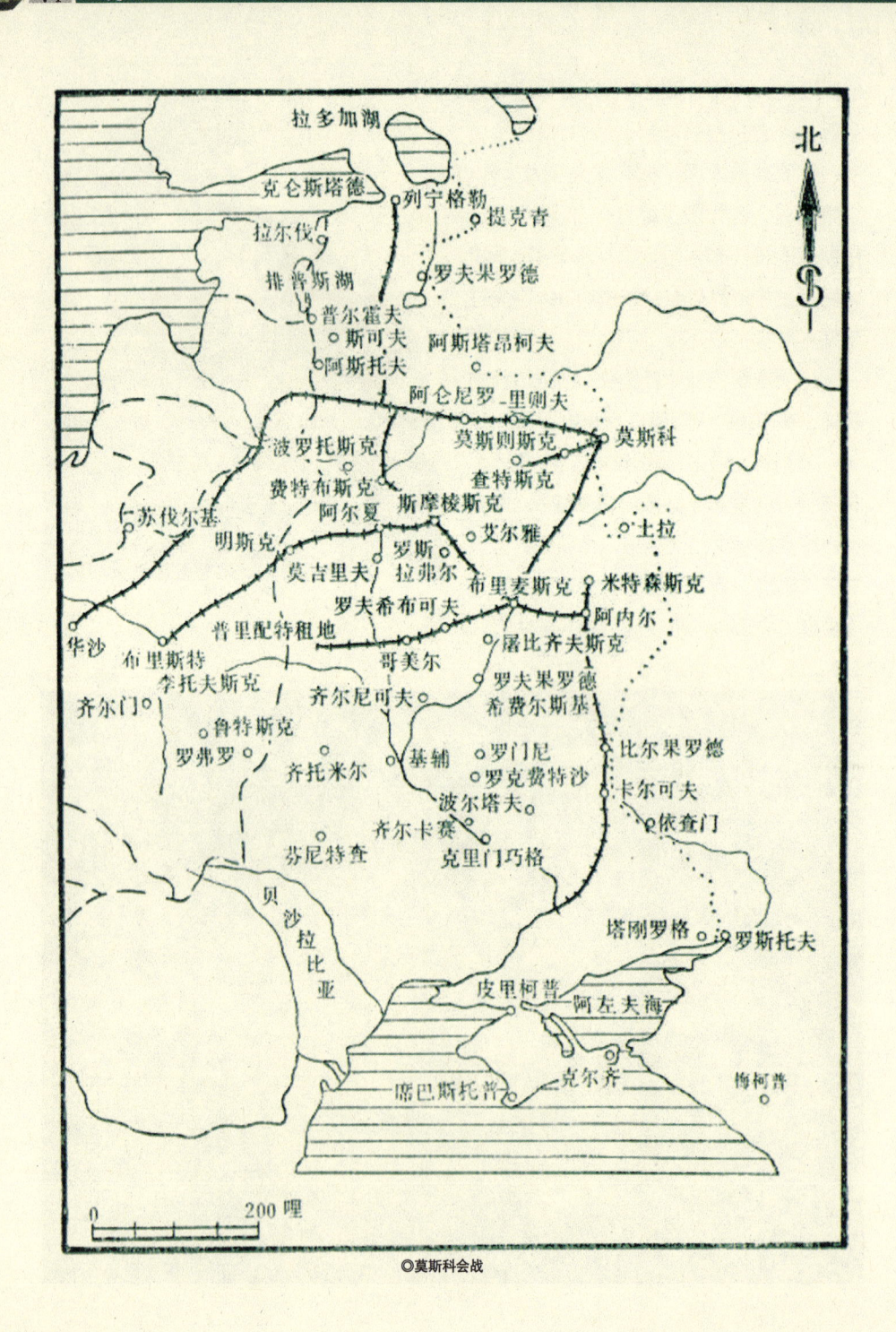

1装甲集群(辖第3、第14、第48装甲军)和中央集团军群支援的第2装甲集群(辖第24、第47装甲军)，共10个装甲师和摩托化师1500辆坦克。苏军拼死抵抗，先后将16个坦克师共2400辆坦克和7个机械化军投入防御作战。

7月上旬，德军以装甲坦克集群为先锋的猛烈突击进展顺利。先后突破新米罗波尔以北地域、沃伦斯基新城以南地域苏军防御后，迅速占领了别尔季切夫和日托米尔，第1装甲集群先头部队向基辅以西推进15～20公里，11日进抵基辅筑垒地域外围，与防守的苏军对峙。

接着，德第17集团军在巴尔地域突破了苏军防线，夺占了登陆场。苏军防线被冲垮，部队被分割成几个孤立的集团，基辅毫无掩护地暴露在了法西斯铁蹄之下。

7月中旬，德第6集团军发起进攻，企图把苏军第5集团军压向第聂伯河，该集团军指挥官波塔波夫十分机敏地组织了顽强抗击。赖歇瑙遇到了强劲的对手，只能小心翼翼地缓慢推进。在第6集团军南面，龙德施泰特派克莱斯特第1装甲集群向布琼尼发动猛攻，直逼基辅城北。

◎乌克兰T-72MP

苏西南方向总司令布琼尼不敢怠慢，急令第5集团军依托基辅西北科罗斯坚固筑垒地域，向德军第1装甲集群和第6集团军翼侧实施反突击，紧急动员基辅市民，组织民兵，加修防御工事，以筑垒地域的预备队组成第37集团军，依托筑垒地域与进攻之敌展开了顽强的战斗。

基辅城北，数百辆坦克卷起巨大尘埃，足有一个装甲师兵力，滚滚而来，布琼尼仓促应战。又有一个德军装甲师，迅速向基辅城南扑了过来，布琼尼毫不犹豫地重复着来自莫斯科的命令："坚决顶住！"

突然间，德军第17集团军和匈牙利约1个军的兵力，直插苏军西南方面军和南方方面军接合部，疾速向东挺进。克莱斯特第1装甲集群主力从别尔季切夫地域急转南下，杀向苏军第6、第12集团军侧后，实施大纵深包围，近千辆的德国坦克在乌克兰大平原上风驰电掣，拖着漫天尘埃，直取布拉格河畔的"五一城"。布琼尼被杀得措手不及，仓促发出了命令""实施坚决的反突击！"

第26集团军迅速渡过第聂伯河，与德军第1装甲集群展开了血战。至24日，德军已经张开了血盆大口，布琼尼发现势头不对，急令："所有部队迅速东撤！"

可是，这个命令下得太晚了。德第17集团军像一支利箭疾速向苏军侧后杀去，与第1装甲集群实施钳形突击在"五一城"附近会合。苏西南方面军第6、第12集团军主力

◎乌克兰T-84-1

图44 向第聂伯河撤退

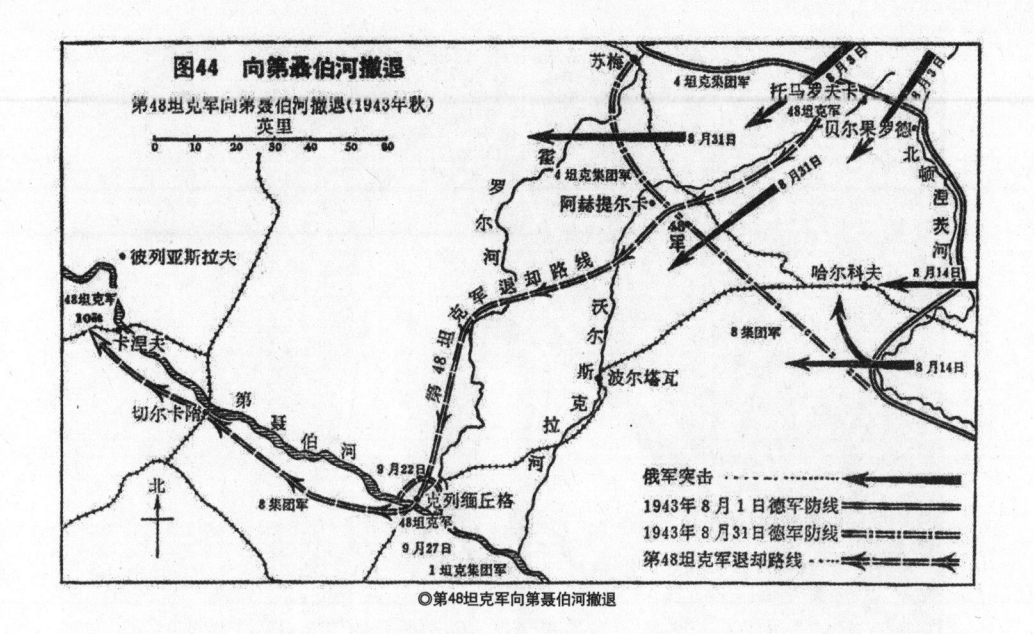

◎第48坦克军向第聂伯河撤退

及南方方面军第18集团军一部约20个师的兵力，被德军一举合围在乌曼地区。战至8月7日，被围苏军大部被歼，包括第6、第12集团军司令在内10.3万人被俘，损失坦克317辆、火炮858门。德军告捷，基辅危在旦夕。8月14日，斯大林决定成立布良斯特方面军，叶廖缅科中将担任指挥官，其任务是阻止纳粹"坦克战专家"的装甲集群迂回莫斯科，掩护西南方面军侧后。19日，苏西南方面军奉命撤过第聂伯河。在右岸，留下部分兵力继续实施坚守。

斯大林仍不放心。叶廖缅科向斯大林保证："有把握阻止古德里安装甲集群的猖狂进攻！"

古德里安以"坦克战专家"而著称，"闪电"式进攻是他的拿手好戏。此时，他就像是一匹脱缰的"野马"，从8月25日开始，挥师南下，风驰电掣般地疾驰基辅，协同南方集团军群围歼基辅以东的苏西南方面军主力。

德军进攻的战术还是老一套，以集群坦克为先导两翼突击，实施钳形攻势。在北翼，古德里安第2坦克集团军与第3集团军协同进攻；在南翼，克莱斯特第1坦克集团军充当先锋，协同第6、第7集团军发起猛烈进攻。

古德里安的装甲集群杀气腾腾而来，叶廖缅科率兵奋力抵抗，当日双方发生了激战。仅一个星期时间，叶廖缅科就被打得丢盔卸甲败下阵来。古德里安装甲集群从苏军

铁甲争雄 TIEJIAZHENGXIONG
78 坦克兵

◎苏军T—80

防线上杀出一条血路，又继续全速向南杀去。

就在叶廖缅科与古德里安纠缠之时，德军南方集团军群克莱斯特第1装甲集群、斯图尔纳格尔第17集团军，乘势杀向第聂伯河，强渡后挺进到基辅东南170英里处，然后挥师北上，基辅即将陷入被德军重兵集团包围的危险之中。

9月初，西南方面军所处形势日趋严峻，西南方面军主力和基辅随时都有被合围的危险。波什尼科夫和华西列夫斯基请示斯大林放弃基辅，将西南方面军主力立即东撤，但斯大林强硬地命令：

"坚决守住!"

德军的进攻是疯狂的，压向基辅的兵力越来越多。两天后，布琼尼处境危急。此时，他再也沉不住气了，再次请求撤出基辅。

9月9日晚，朱可夫抓住最后的机会，请示斯大林放弃基辅。当天夜晚，斯大林亲自向西南方面军下达命令："坚守基辅，不得后撤!"

◎前苏联坦克

◎第聂伯河之战示意图

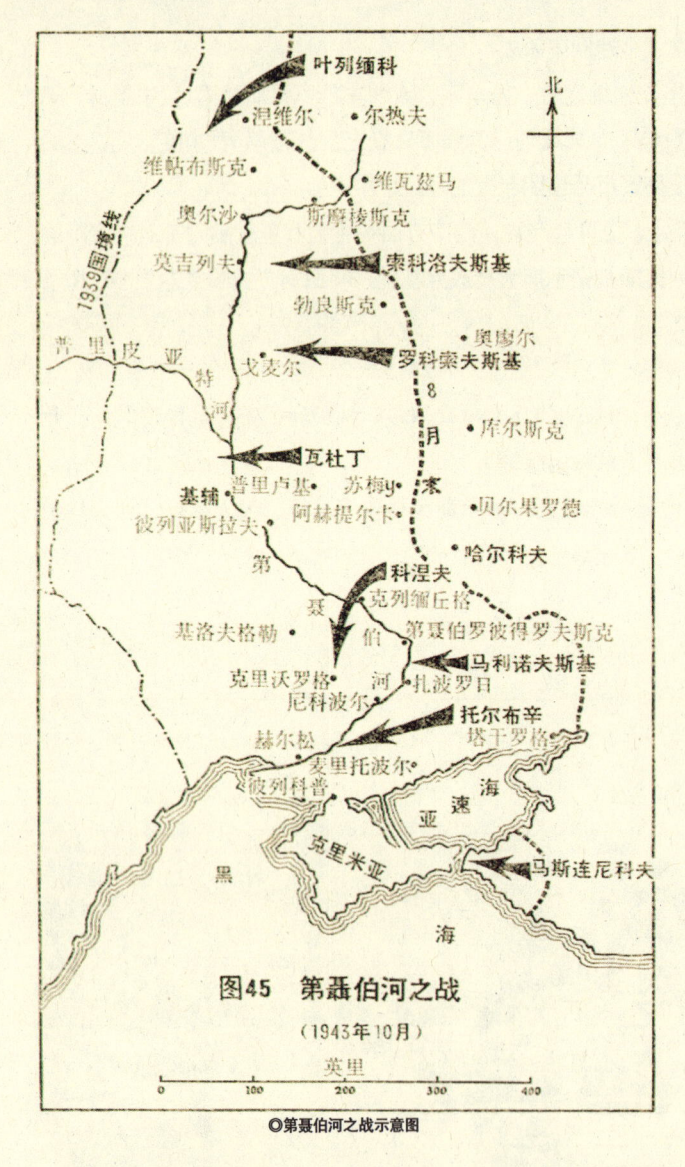

图45 第聂伯河之战（1943年10月）

10日夜晚，惨淡的夜幕低垂，战场上气氛异常紧张。德军的铁钳攻势行动开始了，两支强大的军团疾速对进，第2、第6集团军在基辅以东会合。古德里安和克莱斯特的装甲集群继续向基辅两翼插入，卷着腥风血雨疾速狂驰。

德军装甲集群的突进速度太快了。克莱斯特第1装甲集群的一支坦克部队，竟然轻而易举地闯进了苏军第38集团军司令部。苏军被打得措手不及，无力组织有效抵抗，集团军司令费克连科将军见势不妙，跳窗而走，才保住自己性命。

镇守西南战区的布琼尼元帅终于沉不住气了。德军铁流滚滚而来，正向他的防区大举进攻。布琼尼紧急向最高统帅部报告："敌军来势凶猛，我军防守力量不足，请准许西南方面军主力立即从基辅地区撤退！"

"决不能放弃基辅，不许后退一步！"斯大林愤怒了，他不允许放弃像基辅这样有重要战略价值和重大影响的大城市，他发出了死守的命令：

"不成功便成仁，坚持顶住！"

○当年的斯大林

14日，南北对进的德军第1和第2装甲集群在洛赫维察会合，基辅以东苏军西南方面军主力陷入合围。德国人惊奇地发现，竟然一下子包围了苏军5个集团军。15日，斯大林仍下令不得放弃基辅。

德军以装甲集群为先锋的大规模进攻顺利得手，充分显示了集火力、机动和防护于一身的坦克装甲部队的巨大威力，德军装甲集群与其他军兵种协同作战取得的丰硕战果，使古德里安的"闪击战"理论发挥得淋漓尽致。

1941年9月17日，斯大林确信基辅难保，才下令西南方面军实施"总撤退"。但是，这已经太晚了。人类战争史上规模最大的钢铁与血肉之躯的倾轧战斗开始了。这场触目惊心的铁血大厮杀持续了整整五天五夜。

画有黑"十"字的德国飞机对被围苏军狂轰滥炸，炮兵把成千吨的炮弹泻向苏联人群和车辆武器，纳粹坦克发出裂人肝胆的狂吼，履带滚滚，炮声隆隆，机枪吐着火舌，一遍又一遍地轮番扑向被围苏联人，实施残酷的绞杀战。

成千上万的苏联人被炸死、碾死和被枪弹绞杀，乡村里、田野上、水渠边、道路旁，到处都是被摧毁的坦克、火炮、车辆和惨遭屠杀的尸体，尚有一口气的伤员，发出撕心裂肺的凄惨呻吟。

1941年9月26日，基辅的一切抵抗都停止了。在这场前所未有的最大规模的歼灭战中，基辅落入了法西斯德军之手。苏军损失惨重，第5、第21、第26、第37集团军和第38集团军一部共5个集团军兵力全部被歼，2个集团军兵力所剩无几，苏军西南方面军几乎全军覆没。

柏林的宣传机器27日宣布："在基辅以东俘苏军66.5万人，缴获坦克884辆、火炮3178门。"

◎前苏联主战坦克

◎俄罗斯黑鹰

血战莫斯科

从1941年11月15日起,在进攻莫斯科的所有重要方向上,都展开了激战。希特勒咬牙切齿地发出命令:"建立一个特别的工程指挥部,准备炸毁克里姆林宫!"战争无情,法西斯德军向莫斯科一步一步地逼近。

莫斯科西北,德军一举集中了第3、第4装甲集群共14个师的兵力发起猛攻,锋芒直指苏军第3、第16集团军防线。这天一早,第16集团军司令罗科索夫斯基将军就来到了第316师指挥所。按集团军命令,该师在潘菲洛夫将军指挥下,在沃洛科拉姆斯克地区实施坚守作战,坚决阻敌于莫斯科以西。这一次,德军集中了2个坦克师和2个步兵师的优势兵力和400多辆坦克,攥成一个强大的突击拳头朝第316师的防御阵地压了过来。在主突方向上,德军集中了3倍于苏军的优势装甲兵力,准备孤注一掷,一举突破第316师防御。

"坚决阻击,消灭突入之敌!"潘菲洛夫果断命令。约半小时左右,敌机轰炸和炮火袭击开始了,紧接着是数十辆冲击的坦克,在空、炮火力掩护下向第316师防御阵地猛扑过来,冲击的步兵紧跟在坦克战车后面,黑压压一片。

进攻的敌军异常凶狂,坦克战车边开炮边往前冲,炮弹呼啸,弹片横飞,第316师防守的阵地顿时变成了一片火海。仇恨的炮弹就像长了眼睛,直奔冲击的敌军坦克战车和集群的步兵。苏军战士个个都打红了眼,像被激怒的猛虎,以最精确的瞄准、最快的

◎Pz 3型坦克装备50毫米反坦克炮

速度发射出仇恨的炮弹。反坦克手雷、手榴弹、机枪、冲锋枪和步枪等一切仇恨的弹药，向敌人头上猛泻过去。

中弹了，燃烧了！冲击的敌军坦克一辆接着一辆被摧毁，德军冲击队形顿时大乱，冲击的坦克数量在迅速减少。

在潘菲洛夫将军的坚定指挥下，第316师的全体官兵们越打越勇。日落前，终于将疯狂进攻的法西斯军队又一次击败。夜幕降临，敌人仓皇撤退，第316师坚守的阵地仍在英雄们手中。

临近中午时分，克洛奇科夫刚刚和师长通过电话，就隐约听见从西方传来了引擎的嗡嗡声，敌人的飞机又开始在天空中疯狂地吼叫了。"敌人开始进攻了，准备战斗！"克洛奇科夫果断地发出战斗命令。

1000米，800米……敌人坦克越冲越近了，密集的炮弹纷纷落在5连阵地附近，马达声隆隆,爆炸声此起彼伏,惊天动地,战士们的肌体和坚守的战壕在一起颤抖。克洛奇科夫和他的战士们很快都镇静了下来,他们所面临的是一场鱼死网破的殊死战斗。"坚决打退敌人的进攻!"随着克洛奇科夫一声令下,苏军勇士们有的开炮、有的投反坦克手雷,开炮声、爆炸声响成一片,不一会儿,敌人便扔下七八辆坦克残骸撤退了。

"同志们!"5连阵地上响起了克洛奇科夫嘶哑的声音,"敌人决不会甘心失败,很快就会再次发起冲击,我们一定要坚守阵地,寸土不让,上级已经派部队来增援我们,坚持就是胜利!""200米,150米,打!"顷刻之间,枪炮声、爆炸声大作,惊天动地,立即就有几辆敌坦克中弹起火。这一次,敌人的坦克太多了,前面的坦克被击毁了,后面的坦克又冲了上来。克洛奇科夫发现,在稍远一些的地方,有近10辆敌坦克正在编队,分成了三个波次,径直朝5连的主要防御阵地猛扑过来。"敌人拼命了,坚决打退敌人的进攻!"克洛奇科夫密切注视着敌人的动向,坚定地指挥着。果然,敌人不顾一切地发起了猛攻,在两翼坦克火力的掩护下,交替向5连阵地逼近。

克洛奇科夫右翼,一辆敌坦克正加大马力向堑壕上爬,说时迟那时快,安德烈一跃而起冲出战壕,两手各握一颗冒着白烟的手雷,一头扎向坦克底部。克洛奇科夫亲

◎德军逼近莫斯科

眼目睹，心里猛地打了一个寒战，随着一声巨响，敌坦克不动了。一辆、两辆、三辆……德军坦克冲了上来，英雄们纷纷跃出战壕，"轰隆隆!"一阵阵巨响……

"喂，5连!喂，克洛奇科夫同志!"电话听筒里传出了潘菲洛夫将军急促的声音。就在这时，又一辆坦克冲上了阵地，径直向克洛奇科夫扑了过来。只见他，充满血丝的两眼顿时射出两道凶光，牙齿咬得"咯咯"作响，顺手抓起两颗手雷，口咬拉火环将头向后猛地一扬，高声喊道：德国鬼子来吧，俄罗斯虽大，但已无退路，后面就是莫斯科! 轰的一声巨响，敌人的坦克不动了。电话耳机将这震惊世界的反法西斯战争的最强音，忠实地传到了第316师指挥所，潘菲洛夫将军脱下军帽。

战场上洒满了英雄们的鲜血，鲜血染红了白雪，5连官兵们用生命和鲜血坚守了阵地。阵地后方，皑皑白雪，仍覆盖着莫斯科。支援大军源源开向莫斯科，开向前线战场!

不知过了多少时间，潘菲洛夫将军才慢慢离开，走出了指挥所。

"告诉全师!不!告诉每一个保卫者，后面就是莫斯科!"

◎俄罗斯现役坦克

©美丽的莫斯科红场

而远在德军最高统帅部"狼穴"里，希特勒常常面对进攻莫斯科的形势图发呆，一看就是很久，很久……

这一天，希特勒看着看着就抬起了两臂，尽管一只手在不停地抖动，他还是将两手渐渐地向一起掐。突然，他举起右臂用力猛地一挥。

在希特勒看来，他的军队已经向前推进了500英里，到达距离莫斯科还不足30英里的地方，剩下的这最后一程也根本算不了什么。于是，他决定给约德尔打气。"我们最后再用一点力，就要胜利啦！"

德军南、北两翼攻占莫斯科的计划破产后，希特勒心理上处于一种极端的病态，他不甘心就此罢手，决心单刀直入实施中央突破，从正面突入莫斯科。

德军最高统帅部决定：从1941年12月1日开始，对苏维埃的"心脏"——莫斯科发动最后的总攻。

于是，德军拼出了最后的气力，发疯似的从正面攻击莫斯科。

一场惊心动魄的鏖战在莫斯科城外展开了。德军的装甲部队和步兵，一直将激烈的战斗推进到距离莫斯科最近的红波利亚纳，成为莫斯科会战中最惊险的一幕。

在莫斯科西北方向，德军首先集中装甲部队沿加里宁斯科的公路，发动了猛烈的攻击。

一队队的苏联骑兵部队，一边高喊着一边向德军发起冲击，足有2个骑兵团的兵力，立即旋风般地从一片森林中勇猛杀出，不停地挥舞着闪亮的马刀和乌黑的冲锋枪，勇猛冲向敌阵。

然而，法西斯德军根本就没有把苏军的骑兵放在眼里，他们凭着装甲部队的机械化优势，拼命地扫射和碾压，杀出条条血路，又杀气腾腾地继续冲向莫斯科。

11月15日晨，德军猛攻克林。德军大批装甲部队约有300多辆坦克发起猛攻，而苏军在那里只部署了不足60辆轻型坦克，显然不是德军装甲集群的对手，不几天时间，克林落入了德军之手。

几乎同时，德军从沃洛科拉姆斯克地区也发起了猛攻。苏军负责这一地区防御的是第16集团军的部队，但其装甲兵力薄弱，仅拥有150辆轻型坦克的装甲部队。而德军在该集团军正面，却集中了拥有400多辆中型坦克的强大装甲部队和步兵。德军蠢蠢欲动，试图一举突破苏军防线，冲进莫斯科。

在罗科索夫斯基将军指挥下，苏第16集团军的全体将士们拼死奋战，但仍然阻挡不住德军装甲集群和强大兵力的猛烈冲击，整个防线频频告急，被迫向莫斯科方向撤

©斯大林坦克

退。

　　斯大林得知这一情况后，已十分清楚地意识到莫斯科所面临的巨大威胁，以及西方方面军和朱可夫所承受的巨大压力。"你有什么要求?"斯大林问朱可夫。

　　"请调给我两个集团军和200辆坦克。"

　　"两个集团军于11月底调到，但坦克现在还不能给。"斯大林停顿了一下，答应了朱可夫的第一个要求。

　　半小时后，朱可夫与华西列夫斯基商定，第1突击集团军和第10集团军，将分别集结于亚赫罗马和梁赞地区。

　　朱可夫放下电话，就把统帅部答应给两个集团军的消息告诉了大家，并当即发出一项命令：

　　"11月底以前，各部队务必要坚守住阵地，未经方面军允许，不得后退一步!"

　　"报告!"

　　话音未落，罗科索夫斯基就走进了西方方面军指挥所。

　　"你找我是不是一定有重要事情?要不也不会来看我。"

　　"我那里正热闹。"一阵寒暄之后，便立即将话锋切入了正题：

　　"我集团军的各部队都打得太苦了，减员十分严重，已经精疲力竭了，务必给我们补充兵力，哪怕是少一点也可以。"

◎苏联重型坦克（模型）

当罗科索夫斯基确信西南方面军眼下还没有兵力可补充时,他马上就向朱可夫提出建议道:

"第16集团军的防线,是否可以从伊斯拉河以西后撤到伊斯拉河水库和伊斯拉河一线?"

朱可夫非常清楚,如果第16集团军的防线后撤,德军就会跟着向前推进,进一步逼近莫斯科。朱可夫只好把刚刚拟好的命令向罗科索夫斯基递了过去。

◎苏联T—55

夜以继日地拼死厮杀,第16集团军的部队还是被迫后撤到了下一道防线。

"苏军被击退了,进攻!继续进攻!"博克以为就要胜利了,随着进攻命令的下达,他把最后的坦克部队也调了上去。

德军的攻势更加猛烈,在空、炮火力支援下,坦克部队引导着步兵向莫斯科猛冲。

莫斯科所面临的情况十分危急。在莫斯科正面,德军占领了克林,渐渐逼近伏尔加河。在西南方向,德军攻占了塔普萨,迂回包围图拉,滚滚铁流逼向卡希拉。"我命令,所有部队不准后退一步!战斗到最后一个人,坚守住现有阵地!"朱可夫的部队已无路可退了,于是发出了死守的命令。

德军距离莫斯科更近了,战线缩短,各主要突破地段上都集中了数量更多的装甲兵部队。博克凭借压倒优势的坦克部队,一次又一次地发起猛烈冲击。双方反复争夺,战线成胶着状态,苏军所有的防御地段上都进行着白热化的战斗。

进攻的德军攻占了莫斯科接近地的许多重要城镇和村庄,克林、伊斯特拉、克留科夫等陆续落入了德军之手。

12月2日傍晚时分，德军第4坦克集群的攻击部队引导步兵一直推进到亚赫罗马、克留科夫和伊斯特拉地区，第258步兵师的1个拥有装甲兵力的侦察营突入至莫斯科近郊的希姆基。第二天一早，这支疯狂的部队再次打先锋，继续向前推进。

就在这最关键的时刻，老天爷却似乎故意跟法西斯军队过不去。西伯利亚的寒流悄然而至，气温陡然下降，几小时之内气温便下降了近20度，达到零下40度以下。

远在东普鲁士的德军大本营里，室内温暖如春。希特勒每天酒足饭饱之后，就一直等待着德军占领莫斯科的消息。可是一连数日，希特勒却看不出德军的进攻有多大进展，心中十分恼怒，开始埋怨博克等"无能"，嘴里还不停地唠叨，并接二连三地发出"进攻"的命令。

12月3日，霍普纳亲自督阵，摇旗呐喊，指挥他的一支装甲部队一次又一次地向小镇发起了猛攻。苏军坚守的红波利亚纳出现了反复的争夺战，小镇几次易手。霍普纳的先头坦克部队终于攻占了红波利亚纳。

这里是莫斯科城西北郊外，距离莫斯科仅有27公里。苏德双方都清楚地知道，德军的坦克部队仅仅需要1个小时的行程，就可以抵达莫斯科。

"报告元帅，我们的坦克已攻占了红波利亚纳！"霍普纳激动的连声音都有些颤抖，他赶紧把这一消息报告了博克。

"我马上就到!"博克惊喜不已，急不可耐地要赶到那里。

博克当即驱车向红波利亚纳疾驰。出发前他还特别作了交代，他要柏林的报纸在当天留出版面，等待消息，准备用于刊登德军是怎样进入莫斯科的专题报道。

几小时后，一个车队摇摇晃晃地驶进了小镇，在一座教堂前戛然停了下来。

一个身材瘦小、脸色发青，身穿毛皮领大衣的德军高级将领，从一辆奔驰轿车里钻了出来，他就是指挥进攻莫斯科的德军前线最高指挥官——德国陆军元帅博克。

在一群德军高级将领的陪同下，他们走进了教堂，很快就爬上了教堂的塔楼顶。极目远望，尽可鸟瞰莫斯科城的全貌，市区的一切建筑物都尽收眼底。博克伸手接过了一架大倍率的德国造望远镜，两臂向前伸了伸又向上抬起，把望远镜向他的眼前靠了过去。

"看到了，我看到了!大教堂，克里姆林宫的尖塔，红星!"博克看着看着，便自言自语地发出了惊叹声，大有失态之感。良久，博克才慢慢地把望远镜从眼前移开。

"快准备一些大口径火炮，给我狠狠地轰炸莫斯科，给我炸平克里姆林宫！"博

○卫国战争时期苏军的坦克和坦克兵

克咬牙切齿地说，或是过于兴奋，他的全身也随之抖动。

"轰隆隆！"话音刚落，远方传来一阵沉闷的炮声。

"我的部队这么快就开始行动了吗？"博克心里又是一阵激动。"报告元帅，请赶快离开这里，敌人的坦克部队开始向这里反攻了！"博克心里顿时倍感凄凉，一阵头晕目眩，就像坠入了万丈深渊。

"红星呵，红星！是那样地可望而不可即，近在眼前，却又是那样的遥远。"

博克心里想着。但他哪里知道，在距他不远的地方，苏军的装甲兵部队、步兵、炮兵和"喀秋沙"火箭炮兵已经开始向这里反攻了。希特勒寄予最大希望的那些打先锋的集群坦克，正一辆又一辆地被苏军反击的猛烈火力所摧毁。

博克今天所到的这个地方，是他毕生中能够达到距离莫斯科最近的地方，也是法西斯德军进攻莫斯科的最后极限。

斯大林非常关心这里形势的发展，亲自与第16集团军司令员罗科索夫斯基通了电话。在西方面军支援下，第16集团军实施坚决的反突击，在红波利亚纳地区与德军的坦

◎ "喀秋沙"火箭炮（模型）

◎苏军的反坦克小组

克部队展开了激烈的争夺战。

"轰隆隆!"第16集团军的炮兵开火了,"喀秋沙"火箭炮也怒吼了,顷刻间,成百上千吨仇恨的炮弹泻向德军的坦克战车和步兵。突然一支装甲部队从翼侧向德军勇猛杀出,发起冲击,数十辆T-34型坦克边开炮边向前冲,从德军两翼实施迂回包围。

红波利亚纳地区沸腾了,顿时陷入了一片火海。十几辆画着黑"十"字的坦克带着火苗发疯似的往外冲,炮口中还一闪一闪地吐着火舌。

"敌人要逃跑了!打!"

"轰隆!轰隆!"随着一阵阵的巨响,德军坦克有的被炸毁了履带,有的冒起了烟柱,爆炸声起处,飞出的残骸呼呼作响。

博克怎么也想不通,德军耗尽了铁血,只捞得以他为代表的德军最高指挥官从望远镜里翘首看了"红星"一眼。

在西方面军正面,苏军第5、第33集团军和方面军预备队,将突入的德军重新压回到库宾卡以北—纳罗福明斯克以南一线。在苏军连续的反突击下,德军被迫退回到纳拉河对岸的原出发阵地。

在西方面军左翼,苏近卫骑兵第1军和第50集团军,先后从卡希拉—图拉地区,向南路突击集团古德里安第2坦克集团军实施反突击。棋逢对手,双方打了一场伤亡巨大的消耗战。德军力量耗尽，终于坚持不住了，被迫向南撤退。

希特勒"打进莫斯科过冬"的梦想不仅化为了泡影，德军对莫斯科的最后一次进攻也遭到了惨败。

德军耗尽了全力，在冰天雪地里丢下了数百辆坦克战车，1万多具德军官兵的尸体。霍特和古德里安面对自己损失惨重的坦克集群，无可奈何地哀声叹气道：

"这场战争我们是无论如何也打不赢了！"

第四章
折戟沉沙——战神经典对抗

　　隆美尔在北非的西迪·雷宰格赢得了坦克大战的胜利，但长长的补给线迫使他撤回了阿盖利亚，使英军有可能夺回被包围的图布鲁克——这就是1942年第一天的形势。

　　虽然莫斯科和高加索危在旦夕，但斯大林格勒仍相当重要，不是因为战略地位，而是因为斯大林格勒战役是这场战争的重大转折点，斯大林执意要通过这一战役击碎德军进一步进军苏联的美梦。

阿拉曼战役

22年前的康布雷之战首次成功运用了坦克,加强了军队的实力,使敌人没有时间去集结部队组织有效的防御。

1940年7月,意大利进犯东非英军。1941年1月,英军对意军发动进攻,收复了东非的失地,并在北非重创意军,俘敌13万。2月,德国隆美尔将军率德国非洲军团进入北非地区增援意大利军队。强大的攻势之下,英军从利比亚败退。1942年7月,德

◎意大利C1"公羊"坦克

◎德国豹式坦克

意联军自利比亚突入埃及，进抵距开罗只有350公里的阿莱曼地区。

10月23日前，在非洲的德意军与英军在阿拉曼以西展开对峙，德意军"非洲"坦克集团军(司令为隆美尔元帅)下辖德军4个师和意军8个师，总兵力约8万人，坦克540辆，火炮1219门，飞机350架。采取纵深梯次配置，企图依托支撑点式环形防御与大面积布雷相结合的坚固防线，阻滞和粉碎英军进攻。英军第8集团军(司令为蒙哥马利将军)辖10个师和4个独立旅，总兵力为23万人，坦克1440辆，火炮2311门，飞机1500架。战役企图规定：钳制左翼德军，由阿拉曼西南地域向西迪哈米德方向实施主要突击，将德意军队滨海集团压迫至沿海一带，并予以歼灭。

此次战役，正是因为皇家坦克"马蒂尔德"的大显身手，才令敌军闻风丧胆。"马蒂尔德"可以乘坐四个人：车长、炮手、装弹手以及驾驶员。这种坦克的作用主要是协助步兵队伍。它的装甲厚达3英寸，连履带上也安了装甲，德军标准的37毫米反坦克炮对它无可奈何，即便是最可怕的"88系列"也无法在瞬间将它击垮。不过它重达27吨，时速只有15英里。主要装备是一门液压推动的发射2磅重炮弹的反坦克炮。

◎毒蝎坦克

　　后来，大多数"马蒂尔德"被运到远东战场。在那里，它们协助澳大利亚第三军团屡立战功，在将日军赶出婆罗洲的战役中，它们更是功勋卓著。日军的坦克和反坦克炮对它们几乎不起作用，而且它们还是日军不停扫射的机枪眼的克星。在婆罗洲的丛林中，"马蒂尔德"的迟缓却成了它的优点，它厚实的装甲成为步兵的保护伞。澳大利亚人还把一些"马蒂尔德"上面的机枪换成了喷火器，专门用来对付日本人的碉堡。

　　"马蒂尔德"的另一个类型是一位南非工程师设计的"毒蝎"，它上面装有一个可以旋转的鼓，这个由辅助引擎驱动的鼓，从坦克前方的两臂上垂下来。当鼓快速旋转时，连在鼓上的铁链会不断敲打地面，从而引爆道路上的地雷。工兵随后在雷区

知识链接：

步兵坦克:就是用于伴随步兵作战，提供掩护和火力支援的坦克类型。

用白色的带子标示出一条安全通道。这种发明大大加快了本来用电子探测仪进行的扫雷工作。

"马蒂尔德"在1941年前的战斗中出尽风头，但它很快就落伍了。一种新的步兵坦克开始成为战场上的新宠，这就是39吨重的"丘吉尔"，它的装甲有四英寸厚，能够承受德军最新式坦克以及反坦克炮的攻击。

"丘吉尔"坦克是英国最后一种步兵坦克。自一战后，英国一直坚持"步兵坦克"和"巡洋坦克"的老路，直到二战结束后才完全放弃。步兵坦克在速度、反坦克火力方面不是很强，但是具有很厚的装甲，要求能够抗击敌方的反坦克火力。"丘吉尔"坦克之前，英国的主要步兵坦克就是著名的"马蒂尔德"系列。比起"马蒂尔德"系列，"丘吉尔"步兵坦克最有特色的就是行动装置。"丘吉尔"采用了小直径负重轮，重40吨的庞大车体每侧负重轮居然达到了11个。它有造价低、结构简单、易于生产等优点，即使个别负重轮被击毁也能继续行动。但是过小的负重轮也造成悬挂

◎丘吉尔坦克（残体）

行程太小，越野时的舒适性太差。所以后来的坦克不再采用这种设计。

"丘吉尔"坦克共有18种车型。Ⅰ型主要武器为一门40mm火炮，类似法国的B1坦克，在车体前部装有一门76.2mm的短身管榴弹炮。这种火力配置体现了为步兵冲击提供火力支援的思想，但事实上这已经不适合战场的实际情况了，所以自丘吉尔Ⅱ型开始，均取消了车体前部的短身管榴弹炮，而以7.92mm机枪取代。

丘吉尔Ⅲ型于1942年5月开始装备英军，采用了焊接炮塔，其主炮换为57mm加农炮，大大提高了火力。此后，许多Ⅰ型和Ⅱ型丘吉尔坦克也按Ⅲ型标准加以改装。

Ⅳ型仍采用57mm火炮，但又改为铸造炮塔。后来有120辆Ⅳ型开始采用和美国M3、M4中型坦克相同的75mm火炮，称为Ⅳ/NA75型。NA是北非战场的缩写，这种改型坦克用于北非作战。

丘吉尔Ⅵ型和Ⅶ型都采用了75mm火炮，均于1943年提供给英国陆军使用。丘吉尔Ⅴ型和Ⅷ型则采用了短身管的95mm榴弹炮，专门用于提供对步兵的火力支援。此外，丘吉尔系列步兵坦克还包括Ⅸ、Ⅹ、Ⅺ等各型。

丘吉尔坦克作为步兵坦克，最高行驶速度太低（20~25km/h），所以都说它是名副其实的"步兵坦克"。但丘吉尔步兵坦克有非常高的装甲防护能力，Ⅰ~Ⅵ型的

◎丘吉尔坦克

◎德国虎式坦克

最大装甲厚度（炮塔正面）达到了102mm，Ⅶ型和Ⅷ型的最大装甲厚度更增加到了152mm！这个防护水平已大大超过了德国的"虎"式坦克（炮塔正面110mm），只是当时英国的坦克制造水平并不是很高，所以比"虎王"（180mm）和苏联的ИС—3（160mm）还差得多，而且没有倾角。不过丘吉尔步兵坦克凭着它优秀的防护能力，在北非战场上完全压倒了德国的Ⅲ号和Ⅳ号坦克。

在主攻方向上，第30军右翼澳大利亚第9师和英第51师、中路新西兰师和南非第1师，起初进展顺利；左翼印度第4师在鲁韦萨特岭以北遭敌顽强抵抗，进攻受阻。24日凌晨2时，第10军第1、第10装甲师奉命从正在开辟通路的雷区进入战斗，由于雷区纵深超出预料，至日终前仅第1装甲师的个别部队通过雷区。25日凌晨，新西兰师在雷区开辟通路后，向西南方向迈泰尔亚岭逼进，遭德第15装甲师反击。26日，澳第9师在战线北端攻占德军部分阵地后向海岸推进，威胁德第164师侧后，并击退德第15装甲师的反击。在助攻方向上，第13军对德军防线南段发起进攻，但为德军的雷区和炮火所阻，进展甚微。24日晨，该军第7装甲师和第44、第50步兵师再次发起攻击，

○德国豹式坦克

通过第一道雷区后为德军火力所阻。

Ⅲ型"十字军"巡洋坦克的威力最大，生产数量最多，战斗全重增加到19.7吨，车长5.98米，车宽2.64米，车高2.24米，从外形轮廓上讲，比较小巧玲珑。由于空间狭小，取消了前机枪手和装填手，乘员人数减为3人。车长既要负责全车的指挥，又要负责装炮弹和对外通信联络，负担较重。与Ⅰ、Ⅱ型相比，Ⅲ型"十字军"坦克换装了6磅(57毫米)火炮，炮塔也作了重新设计。火炮的口径增大的同时，炮弹的弹药基数减为65发。辅助武器是1挺"比塞"7.92毫米并列机枪，弹药基数仍为5000发。到了二战的后期，由于火力明显不足，退出一线。外观上，火炮不同，防盾的形状也有很大不同。这是识别Ⅲ型和Ⅰ、Ⅱ型的重要的外部特征。

它的动力装置为"纳菲尔德—自由"型V型12缸航空发动机，位于车体后部动力舱内，最大功率由400马力调到340马力。就这样，其单位功率也能达到17.3马力/吨，在二战前期的坦克中名列前茅。它的传动装置为"纳菲尔德"定轴式变速箱。燃油箱布置在发动机的两侧。发动机的动力还带动压气机和液压泵。高压空气驱动操纵装置和制动器，炮塔旋转由液压泵带动。不过，火炮的高低俯仰没有用高低机，为自由摆动式，这种方式显然是很落后的。但是，动力传动装置后置的布置方案，和苏联T-34坦克一样，成为当今世界上主战坦克主流的布置方案。

它的行动装置采用了克里斯蒂式行动装置，每侧有5个大直径的负重轮，主动轮在后，诱导轮在前。"十字军"坦克的最大速度能够达到43千米/小时，它的最大行程为160千米，这完全得益于它较高的单位功率和大直径负重轮。这点在二战前期的

◎十字军坦克

坦克中名列前茅。

　　车体和炮塔以铆接式结构为主。Ⅰ型各部位的装甲厚度和倾角分别为:车体正面27毫米/7度，侧面14+13毫米/0度，后面27毫米/0度；炮塔正面39毫米/9度，侧面19毫米/40度，后面24毫米/25度。Ⅱ型的正面装甲得到加强，车体和炮塔的正面装甲厚度和倾角分别为32毫米/32度和51毫米/0度，炮塔的侧面和后部的装甲也有适当加厚。不过，"十字军"坦克的致命弱点仍然是装甲太薄。

　　此时，双方损失惨重，均暂停进攻，26日，隆美尔判明英军主攻方向，将第21装甲师调往北线，英军进攻受挫，暂取守势，仅以小分队出击和炮火袭击牵制敌人。26日，意大利向非洲运送燃料的油轮全部被英国海、空军击沉，德军后勤补给陷入困境，装甲部队无法组织大规模反击。29日，澳第9师和英第9装甲旅向海岸推进，被德军击退。德军主力第21装甲师沿海向北部机动，企图阻滞英军沿公路西进。蒙哥马利决心对腰子岭以北德军防御薄弱部位实施纵深突破。31日，澳第9师进抵沿海地区，切断德军第164师退路。德军第21装甲师、第90轻型装甲师组织反击，没有取得成功。此时，德意军坦克仅剩200余辆，而英军在战线北段尚有800余辆坦克没有投入战

◎意大利OF40

第四章 折戟沉沙——战神经典对抗

◎十字军巡洋坦克

◎蒙哥马利将军

◎沙漠之狐 隆美尔

斗。德意军被迫转入战略防御。

隆美尔想方设法阻止盟军的推进,但他的炮兵不够灵活,装甲部队被大批消灭,十字军战士死伤太多,同时留给隆美尔的时间又非常有限。蒙哥马利没有乘胜追击,他认为,应该先积蓄力量。周密的准备之后,他决定于10月下旬发动代号为"捷足"的反攻,在突破德意军的防御地域后,迅速向西挺进。

与此同时,英国在美国的支援下不断加强其在北非的军事力量,积极备战。

1942年10月,德意军队在北非共驻军12个师,10万余人。而英军此时在北非已拥有11个师和4个独立旅,总兵力达23万。10月23日夜,英军向德意军阵地南北两翼发起进攻。25日,英军在战线北部突破敌军防御阵地。28日,英军调集主力在北部战线继续猛攻,迫使南线德军增援。

11月2日凌晨1时,英军按照"增压"计划发起新的进攻。第151、第152步兵旅和第9装甲旅发起冲击,遭德军顽强抵抗。第1装甲师随即投入战斗,次日夜从德军第15、第21装甲师防线接合部达成突破。4日晨,第10、第7装甲师和印度第4师从突破口向纵深发展进攻。德军第15、第21装甲师余部实施反击,但由于没有空中掩护，大部坦克被击毁。在沿海地区被切断退路的德第164师余部，亦被澳第9师歼灭。隆美尔命令德意军全线撤退。由于油料和车辆不足，部分重兵器由人力后送，道路拥挤不堪，撤退行动迟缓。英军乘势转入追击，并出动大批飞机轰炸，给退却中的德军以重大杀伤。

11月4日，战局不利，隆美尔命令向西撤退，4个师的意大利军队向英军投降。6日，英军因雨停止追击，德意军装甲摩托化部队顺利撤退，仅意军第10军在退却途中大部被歼，战役至此结束。

此战是英军在非洲取得的第一次重大战绩。这一胜利使北非战局出现了有利于盟军的转折，盟军从此开始掌握战略主动权。阿拉曼战役中，德意军队伤亡和被俘5.5万人(俘获3万人、毙伤2.5万人)，损失坦克320辆，火炮约1000门。英军亡4600余人、伤8900余人。

本次战役，蒙哥马利在拟制阿拉曼战役的作战计划时，决定先打垮隆美尔的装甲部队，尔后再歼其非装甲部队，因为当时的坦克部队是赢得战争的王牌，他的情报参

◎意大利主战坦克

谋威廉斯少校看出了这个计划的毛病。因为隆美尔在部署兵力时，由于怀疑意大利军的战斗力，便把德军的步兵和伞兵部队放在意军的中间和后方，以便在关键时刻支撑整个战斗。威廉斯少校称这种部署为"交叉部署"。他认为，要击败隆美尔，必须首先将意军和德军分割开，集中兵力吃掉意军和德军的弱的非装甲部队，起到孤立其装甲部队的作用，尔后乘其反击时，歼德军于运动中。蒙哥马利听取了威廉斯少校的建议，修改了原定的作战计划，取得了阿拉曼战役的胜利。从中我们可以看出坦克在战争中所起的重要作用。

知识链接：

火炮：以火药为能源发射弹丸，口径在20毫米以上的身管射击武器。按炮膛构造，分为线膛炮和滑膛炮；按弹道特性，分为加农炮、榴弹炮、加农榴弹炮和迫击炮。

坦克大决斗——库尔斯克战役

1942年冬，苏军在斯大林格勒会战中取得了重大胜利，在这次战役中，苏军消灭了德军及其仆从国军队的5个集团军，德军还损失了大量的战斗技术装备。1943年初，为了重新夺回苏德战场东部战线的主动权，德军统帅部拟订了第6号作战命令，即"堡垒"战役命令，准备对苏军在库尔斯克一带的突出部分实施南北夹击。

德军南方集团军群司令曼斯坦元帅认为，在如此短的时间内，刚刚经历了斯大林格勒大血战的苏军很难完成休整补充，所以攻势应当在5月初融雪期结束后发动。但是，由于坦克数量不足再加上北非战场的失利，德军向苏军发起攻击的时间一再拖延，直到7月初才完成进攻准备。曼斯坦渴望的战机早已经错过。

1943年春，苏联潜伏在德军内部的间谍网传来德军将发动夏季攻势的情报，而库尔斯克的苏军战线突出部是德军的攻击目标。于是，斯大林改变了战役决心，决定以优势兵力有计划地转入防御，歼灭、消耗德军的突出集团，然后再转入反攻。苏军统帅部迅速下达了名为"库图佐夫作战"的行动计划。根据这一计划，苏军在这一地域先后集结了133万名士兵、超过2万门火炮、3400辆坦克以及2172架飞机。

直到7月初，德军才完成了所有的进攻准备。德军一共集结了90万名士兵、2700辆坦克以及1万门火炮，占德军总兵力的三分之一强。德国空军也全力支援"堡垒"作战，这场战役调集了约2000架飞机。

此次战役德军使用了大量的"黑豹"式坦克，V号"黑豹"式坦克（或"豹"

○战场上的二战盟军坦克

式）被推出的起因就是苏德战争初期的"T—34危机"。德国原有坦克战术性能偏重机动性，对火力和防护不太重视，在"闪电战"运用的初期其性能尚可，但进入苏联战场，面对火力和装甲强大的T—34和KV—1后，德国的Ⅰ、Ⅱ、Ⅲ、Ⅳ号坦克，以及35t、38t等就面临被动挨打的危险。除加紧改进Ⅲ、Ⅳ号坦克外，1941年11月25日，希特勒命令戴姆勒-奔驰、MAN等公司研制30吨级坦克以对抗T—34/76。

奔驰公司先后研制出VK3001和VK3002原型车，但由于和T—34/76过于相似，以会导致战场识别困难的理由被否决。MAN公司推出的VK3002原型车最终获得批准。VK3002原型车的炮塔像T—34坦克一样置于车体前部，但后来生产的炮塔都置于车体中部，因此"黑豹"式可以拥有更长的火炮身管，具备了火力性能上的优势。1942年12月，"黑豹"正式生产投产，次年1月首批"黑豹"D型出厂。前装甲也由最初要求的60mm增加为80mm，坦克全重达到了44吨。"黑豹"最先采用了倾斜装甲。豹式坦克采用了660mm宽履带，强力的发动机（从D2开始更换装了高达700马力的HL230P30发动机，此发动机成为豹式的标准动力装置），机动越野性能非常优秀。

◎德国当年的轰炸机群

为了等待"黑豹"坦克的出厂，德国的"堡垒作战"一再推迟，在1943年7月5日开始，好不容易积攒的250辆豹D（D1）型参加了这场库尔斯克坦克大会战。首日有192辆豹式参加了进攻，但机械故障频频，再加上在一个雷场遭遇伏击，当日幸存完好的豹式只剩40辆。战场上，豹D坦克暴露了机械装置严重不可靠，特别是齿轮箱的设计问题很难克服。当时豹D型只生产了534辆，而后1943年8月新的"黑豹"A型投产，改进了不少机械问题，加厚了炮塔装甲，增加了两挺7.62mm机枪，产量为1768辆。1944年3月改进后的"黑豹"G型投产，加强了车体装甲，改进了传动装置，增加了车内三防通风装置。豹G型生产直到战争结束，产量达到了3740辆，是豹式系列的数量最多的型号。1944年2月22日，希特勒亲自签发命令，将坦克定名为"黑豹（panther）"坦克。

　　"黑豹"坦克作为德国二战后期的成功作品，格外受到重视，因而在后期生产的最多，据统计仅D、A、G三种型号就达到了6042辆。1944年5月还开始研制"豹"F型，但因为生产比较晚，到战争结束只生产了20辆左右。此外，豹式的后继型号豹2原型车上还出现了88mm火炮。

◎豹式A型坦克（模型）

◎豹式G型坦克（模型）

　　在防护性能上，"黑豹"坦克绝对优于T—34/85，火炮口径虽然为75mm，但70倍口径的身管使得其穿甲能力高于T—34/85的85mm L/54.6火炮，甚至也高于虎I坦克的88mm L/56火炮，更是从全方位性能上超过英美各型同类坦克。不过这都得依赖于豹式全重高达44～46吨之多，几乎和苏联的斯大林系列重型坦克一个级别。虽然重，但"黑豹"只算中型，只因为标准不同。也因为豹式的性能全面优越，所以豹式的工艺比较复杂，产量难以和T—34、M4"薛尔曼"等盟军坦克相比，因此经常处于战场上的数量劣势地位。豹式还是最先安装主动红外夜视仪的坦克，开创了坦克夜战设备的时代。

　　清晨5时10分，德军300架飞机先后起飞，空袭苏军的第13集团军阵地以及两侧的第48集团军及第70集团军。20分钟后，莫德尔的第9集团军向苏军第13集团军第15及81步兵师防守的左翼发动了进攻。在这轮攻势上，德军投入了3个坦克师和4个步兵师，约500辆坦克。德军各坦克梯队排成楔形，每个梯队前端是10—15辆虎式重型坦克或者斐迪南式自行反坦克炮，随后是数十辆中型坦克或自行反坦克炮，后面则跟着其他装甲车辆。

苏军在坚固的纵深阵地上进行了顽强的抵抗，他们伪装良好的反坦克炮，通常等到德军坦克驶近到距阵地500—600米时才开火。在这次战役中德军第9集团军所属的663、654两个重型自行火炮营配备的斐迪南式自行反坦克炮首次亮相。斐迪南式的装甲可以说是厚度之王，其正面装甲厚达200毫米，几乎和巡洋舰差不多。这种自行火炮口径为88毫米，可以在1800米左右距离轻易击毁T-34坦克，但该炮却没有配备机枪，无法对付近距离的步兵。因此，当它凭借厚重的装甲破苏军阵地后，对方的士兵只要将它和后续的步兵截断，便可轻易地靠近其车身进行爆破。此时，这些庞然大物就只能任人宰割啦。

此战，苏军的地雷发挥了不小的作用，德军的攻势在下午刚刚达到高潮，但是到了傍晚几乎完全停顿下来，莫德尔花了相当大的代价仅仅前进了几公里。一天下来，德军就有100辆左右的坦克中雷。由于这一战收获不小，苏军一鼓作气在当天晚上，又以夜色作掩护埋伏下了6000枚地雷。

在南线，7月5日德军才展开攻势，在不足50公里的正面，曼斯坦元帅投入了3个

◎豹式D型坦克（模型）

◎苏联T系列坦克

坦克军，由左至右分别是坦克第48军、党卫军坦克第2军(属第4装甲集团军)及坦克第3军(属肯百夫战役集群)，共有8个坦克师、1个机械化师及6个步兵师，坦克约700辆。

新装备的雷达使德国空军尝到了甜头，他们击落了400架苏军战机，取得了南部战线的制空权。霍斯的坦克纵队在空军及炮火有力支援下，顺利突破苏军近卫第6集团军的阵地。7月7日，坦克第48军夺得了战场上的几个苏军据点。7月8日早晨，苏军第3机械化集团军以40辆T—34坦克第48军展开反击未果。随后，攻击正面中央的德党卫军坦克第2军与第48军一起击退了苏军第1集团军及近卫军第2、第5集团军，肯百夫战役集群也巩固了第4坦克集团军的右侧翼方向。

T—34坦克是哈尔科夫共产国际工厂著名设计师科什金的呕血杰作。1940年1月底，首批坦克驶离哈尔科夫的工厂生产线，被命名为T—34/76 Model1940型（T—34/76A）。T—34坦克于6月完成生产图纸，随即投入大批量生产。它是二战期间总体设计最优秀的坦克。T—34坦克不但具备出色的防弹外形，强大的火力和良好的机动能力也是它们位居榜首的保证，特别是它无与伦比的可靠性，使得可以大批量生产，

铁甲争雄 TIEJIAZHENGXIONG
118 坦克兵

◎苏联T85

◎丘吉尔坦克 残体

所以至1941年6月22日德国入侵，苏联共完成T—34坦克1225辆，大大超过了同期Ⅳ号坦克的数量。至莫斯科会战前夕，已有1853辆T—34交付部队使用。T—34/76型坦克主要有A、B、C三种型号，是苏德战争期间产量最大的坦克类型。根据战场经验，对A型加长炮管以增强穿甲能力，增加了炮塔装甲厚度，就出现了T—34/76B，主要于1941年—1942年间生产。

1939年，T—32坦克在向总部展出的时候，引起了轰动。T—32不仅继承了БТ坦克优秀的机动性能，而且火力和防护能力有极大的飞跃。T—32的优异表现也压倒了同场展出的KV-1坦克。而后改进设计成功了T—34中型坦克。2月初，2辆T—34在进行哈尔科夫—莫斯科—斯摩棱斯克—基辅—哈尔科夫的长途行驶试验中，给在莫斯科红场观摩试验的斯大林留下深刻印象。最终T—34/76A坦克于1940年完成115辆，并将一部分派往芬兰实战试验，但未能来得及参加战斗。

从1943年秋天开始，针对德国已经出现豹式和虎式坦克，T—34安装了85mm火炮，定名T—34/85型坦克。同年12月15日获准投入大批量生产，当年生产283辆，次年即猛增至11000辆，取代T—34/76成为战争后期苏军机械化部队的主要装备。各型T—34在战时生产超过50000辆，远远超过所有德国坦克的总和，称为苏联卫国战争胜利的保证。

T—34/76于1941年6月22日在白俄罗斯格罗德诺首次参战，在此后就出现了"T—34危机"。很长一段时间德军竟找不到可以与之抗衡的坦克，被迫推出更新型的坦克以应付局面，德国Ⅲ号改装长身管50mm火炮，Ⅳ号坦克则改装长身管的75mm火炮，同时都大大加强装甲，勉强可以对抗T—34/76。同时又开始研制Ⅴ号"黑豹"式和Ⅵ号"虎"式，其中"黑豹"坦克明显效仿T—34的设计思想，以至于早期原型车简直同T—34/76一个模子。

不过包括T—34/76在内的各型苏联坦克也不能说是完美，它们也存在缺陷，主要是没有全部配备车际无线电联络设备，一般是几辆T—34中只有一辆指挥坦克拥有无线电设备，坦克之间联络还依靠旗语。同德国主战的各型坦克（Ⅲ、Ⅳ、Ⅴ、Ⅵ）相比，协同作战能力相差不少，所以当编队行进作战时坦克的优异性能难以充分发挥，特别是遭遇突发情况时应变能力差。所以由一辆性能不怎么样的Ⅲ号坦克，击毁多辆

◎行进中的"黑豹"坦克

T—34的战例屡见不鲜。后期随着T—34/85坦克无线通讯设备的改善(同时增加一名无线电通讯员)，这个弱点才逐步改观。

　　有人说过，如果我是一个坦克车长，要开着一辆坦克去和敌人的坦克单挑，我希望我开的是一辆无敌的虎王；但如果我是一位营长，要带领一个装甲营去守住某个缺口，我希望我的营装备的是豹式坦克；但如果我是一位元帅，要统率一支大军去攻占敌人的国土，去赢得战争，那T—34系列就是我的不二选择。从这段话我们可以看出T—34的地位。

　　在无遮掩的平原上，一辆虎王可以挑掉七八辆T—34/85，如果依托工事，甚至可以对付十多辆。而一辆豹子在防御战中可以对付六七辆T—34/85，但是进攻呢，在进攻中面对隐蔽良好的敌军还可能有这样的交换比吗？只要双方的将领差距不算太大，4000辆T—34肯定能突破1000辆豹子的防御。

　　T—34行程之大的优势常常被忽视，它能达到两倍于对手的行程。这一优势在坦克单挑中对胜负几乎毫无影响，但在一场大战役中，却具有极其重大的意义。它在向敌人纵深推进扩大战果的过程中对后勤的要求比对手要小得多！T—34突破过去了，老虎豹子后路受威胁，后勤被切断，只有撤退。但他们的行程和T—34相比太短，跑得都没油了，T—34还在前头。于是精英们只有流着眼泪把自己的坦克炸掉，徒步返回了。

◎"黑豹"A型坦克开赴前线

◎苏联T—34

T—34能达到40km的速度，但达到这个速度的时候坐起来太不舒服，长时间大距离的行军会使战斗力大幅下降。但在二战中没有几种坦克能跑到40km的速度，而且在作战环境下，坦克部队也不可能长时间地以40km的速度推进。老虎是开死也开不到40km，豹子倒是可以开到50km（和34相当），而且比T—34舒服得多，但是它战胜不了T—34，连续摩托行军100km就足以让大批的豹子退出战斗了。

正是因为T—34坦克技术简单，生产方便，性能又比较全面，再加上不断的改进和升级，对它的使用一直从二战开始到结束。但我们也不能说T—34坦克是二战中性能最好、战斗力最强的坦克，它只是一款最适合二战的中型坦克。二战初期它是一款几乎没有对手的中型坦克的王者。德国当时装备的3号和4号坦克可以被它76毫米大口径坦克炮轻易击穿正面装甲，而它们装备的一系列坦克炮则很难在一般交战距离上对T—34坦克的45毫米的倾斜正面装甲造成任何损害。在开战初期，苏联红军不但缺乏熟练驾驶坦克的驾驶员、车手，还缺少车载无线电通讯装置，甚至不少T—34坦克在上战场前都没有领到穿甲弹，只能用高爆弹去对付蜂拥而来的德国装甲部队。而且由于缺乏战术协同和炮兵、步兵支援及配合，在战斗中还不能集中使用，与德军相比还没有空中掩护。就这样，勇敢的红军战士让他们一度患上"T—34坦克恐惧症"。

◎被苏军击中的"黑豹"D坦克

◎前苏联斯大林重型坦克

  特别值得一提的是，在莫斯科战役的苏联红军反攻阶段，数量不多的T—34坦克凭借着宽大的履带和先进的克里斯蒂悬挂系统在雪地中行动自如。插入德军防线的纵深，为苏军反攻的胜利作出了巨大的贡献。就在德国对3号和4号坦克的装甲和火炮实施改进后，T—34坦克又装备了F34型41.2倍口径的76毫米长管炮继续保持住了自己在火力上的优势地位。可是德国绝不是无能之辈，在不久后德国就开发出了正面装甲厚度102毫米，侧后装甲厚度82毫米，同时其56倍口径的88毫米主炮可以在1500米距离上击穿T34坦克。而T34坦克的F34型长管76毫米坦克炮使用普通穿甲弹，在100米距离才能击穿它88毫米厚的装甲，即使使用次口径BR—350P。这就是后来的重型"虎"式坦克。

  另外，"虎"式坦克所配备的脱壳穿甲弹也只能在500米距离上击穿92毫米的装甲。在坦克大会战中T—34坦克只有非常靠近它并且迂回到其侧后，才有打赢的机会。T—34坦克的车组乘员的勇气,我们可以想象一下!而在这次战役中德国又投入了新型的"黑豹"中型坦克,"黑豹"坦克装备的70倍口径的75毫米炮威力超过了"虎式"坦克的56倍口径的88毫米炮,可以在1800米距离上击穿T—34的正面装甲。而"黑豹"的80毫米厚度的倾斜的正面装甲要接近到500米都很难打穿,只能通过射击"黑豹"坦克侧后部45毫米厚度的薄弱装甲来击毁它,可是"黑豹"坦克的机动性能比虎式好得多,抄后可不是那么容易的,同时在这次战役中,"黑豹"坦克投入的数量是虎式坦克的几倍,幸亏"黑豹"坦克机械性能不佳,故障不断,否则这次会战结果还不知道是什么样呢。库尔斯克坦克会战的惨重损失让苏联知道他们的坦克落后啦,于是他们很快装备了拥有大型炮塔的85毫米主炮的T34—85坦克!它拥有更大口径的85毫米炮,增强了坦克防护系统,加厚了车体和炮塔的装甲,可以在1000米距离内击穿德国虎式坦克的正面装甲,在1000米距离上顶住"黑豹"坦克75毫米主炮正面攻击,在500米距离内击穿其正面装甲。T34—85坦克的出现使得前苏联有了和德国最先进的"虎式"和"豹式"坦克较量的实力。再加上其巨大的生产数量和可靠的性

◎前苏联 IS-2型重型坦克

◎前苏联 T-35 重型坦克

○T—85

能，使得T—34坦克成为苏联红军大反攻中不可缺少的一把利剑。同时T34—85坦克还创造了以一辆伏击摧毁3辆二战最强大的德国"虎王"坦克的辉煌战绩。所以，说T—34坦克是在二战中的王者一点不过分，它是一款优秀的中型坦克，它的使用贯穿了整个二战而不被淘汰。直到20世纪90年代的南斯拉夫内战中仍然可以看到T34—85坦克的身影。其良好、可靠、耐用的性能可见一斑。

在不少西方和前苏联的资料中，T—34坦克和美国在二战中的M4谢尔曼中型坦克性能各有说法，十分矛盾。其实T34—76型坦克和谢尔曼前期的装备75毫米的型号性能差不多。而后期T34—85坦克与M4—76型号比较却各有千秋，因为T—34的炮弹没有水封套保护，比较容易在击中炮塔后被诱爆从而摧毁坦克。而谢尔曼虽然炮弹有水封套保护，可是其汽油发动机容易着火，有"打火机"的绰号。而且在装甲防护上也是差不太多的，在实战中就得看各自驾驶的装甲兵的造化啦！

战场上苏军坦克兵表现得非常英勇，在一次遭遇战中，营长史可布利金上尉指挥着他的KV—1坦克全速冲向德军。第一发炮弹击中了一辆"虎式"坦克的侧面，但同时它也身中两弹起火。驾驶员尼古拉耶夫和报务员合力将负伤的史可布利金拖出坦克，这时一辆"虎式"冲了过来，尼古拉耶失立刻奔回燃烧的KV—1，开着它全速撞向迎面而来的虎式坦克。一阵巨响过后，两辆车都陷入熊熊的火海之中。苏军的坦克中弹后，活着的乘员们从燃烧的车体里爬出来，拿起步枪像步兵一样作战，有的人还拔出匕首和敌人展开了肉搏。

◎意大利C1"公羊"—1

◎德国豹式坦克

　　这场大战双方共投入了1200多辆坦克或自行火炮，是人类有史以来最大的一场坦克遭遇战。战斗结束后，党卫坦克军已经无力再向前推进了。

　　事实上，苏军用在奥廖尔的兵力达到128万人、2万门火炮以及2400辆战车、2000架飞机。莫德尔只有49万人的部队、1000辆战车及1000架飞机。至8月5日，苏军收复了奥廖尔。曼斯坦无法更改元首的命令，只好转攻为守，而苏军却就此展开了全面反攻。

　　库尔斯克战役后，德军元气大伤，再也无力阻止强大的苏军前进。往后整个东线就是苏军不停地进攻，德军不断地防御，直到苏军攻入柏林。

知识链接：

　　坦克防护系统：坦克装甲壳体和其他防护装置、器材的统称。包括坦克车体和炮塔、三防装置、灭火装置、防后效装置和伪装器材等。用以保护坦克及其成员和内部机件。

第五章
战神进行时

　　第二次世界大战后，各主要大国继续生产着大量坦克。针对各类坦克的特点，突出了轻型坦克的侦察功能，中型坦克的运动功能，重型坦克的攻击功能，极大地拓展了坦克各方面的性能。

战神家族

二战后至20世纪五十年代，苏、美、英、法等大国借鉴二战中使用坦克的实践经验，设计制造了新一代坦克。

◎水陆坦克

◎ "百人队长"主战坦克

主要有：苏Ｔ—54中型、Ｔ—55中型坦克、Ｔ—10重型坦克和PT—91水陆坦克，美M48中型坦克、M103重型坦克；英"百人队长"中型坦克和"征服者"重型坦克等。

这一时期的中型和重型坦克，全重36～65吨，火炮口径90～122毫米，铸造炮塔多呈半球形，前部装甲厚度110～200毫米，发动机功率382～596千瓦，最大速度34～50千米/时。

从技术和性能的角度来看，一方面，坦克的防护技术有了新的发展。部分坦克配备了旋转稳定式超速脱壳穿甲弹、破甲弹和碎甲弹，破甲厚度能到300～350毫米。有的坦克挂装了侧裙板，防空心装药破甲弹的能力得到提高。

另一方面，坦克的机动性能也达到了较高的水平，发动机功率达到427～596千瓦。一些坦克开始采用火炮双向稳定器、主动红外夜视仪、合像式或体视式光学测距仪等。个别坦克还装备了潜渡装置，具有了克服水障碍的能力。

20世纪五十年代年代，最具代表性的轻型坦克有：美国的M—41型坦克、苏联的PT—76坦克和法国的AMX—13坦克。

这些坦克重达14～23吨，可乘坐3到4人，火炮口径为75或76毫米，炮塔装甲最大厚度20～40毫米，发动机功率176～368千瓦，最大速度44～65千米/时，最大行程

◎苏式坦克

◎T—10重型坦克

◎苏联T—55

◎美国M—41

○法国主战坦克

260~350千米。

苏联PT—76坦克在水上使用了喷水式推进装置，最大航行速度为10.2千米/时。法国AMX—13坦克采用结构新颖的"摇摆式"炮塔，首次安装了坦克炮自动装弹机，炮塔上加装有反坦克导弹发射架，可发射4枚反坦克导弹。

20世纪60年代，一些军事大国，相继加快了陆军机械化、装甲化的进程。其研制的坦克火力和综合防护能力都达到或超过以往重型坦克的水平，同时也克服了重型坦克机动性能差的弱点，从而停止了传统意义的重型坦克的发展，形成一种具有现代特征的战斗坦克，即主战坦克。它代替了以往的中型和重型坦克，执行多种作战任务。

这一时期的主战坦克主要有：美国的M60、苏联的T—62、英国的"酋长"、法国的AMX—30、联邦德国的"豹1"、瑞典的Strv103坦克等。

这些主战坦克战斗全重36~54吨，火炮口径105~120毫米，发动机功率427~610千瓦，单位功率9~15千瓦/吨，最大速度48~65千米/时，最大行程300~600千米。

为了使坦克能更好地适应机械化条件下作战，并减小反坦克武器特别是大量使用的反坦克导弹的威胁，坦克不仅需要有威力更大、射程更远的直射火力，同时需要有

◎法国勒克莱尔

◎俄罗斯T—55

◎美国M系列坦克

◎瑞典IKV—91坦克

◎联邦德国的豹1

◎英国酋长坦克

更厚的装甲和更高的机动性能。

因此，许多国家在发展新型坦克时，十分强调火力、机动性和防护力三要素的综合平衡。普遍采用了脱壳穿甲弹、空心装药破甲弹和碎甲弹、火炮双向稳定器、光学测距仪、红外夜视瞄准器、大功率柴油机或多种燃料发动机、双功率转动装置、扭杆式独立悬挂装置、三防装置和潜渡装置等技术。

同时，开始重视形体防护，降低了车高。防护系统的车体和炮塔，仍用均质钢制造，但车体前部装甲倾角加大，有的车体采用整体铸造，装甲厚度分配趋于合理，铸造炮塔的流线型更好，主要部位的抗弹能力增强。大多坦克安装了激光测距仪和机电模拟式弹道计算机。

各国发展的主战坦克，都优先增强火力，但在处理机动和防护性能的关系上，反映了设计思想的差异。

如法国的AMX—30坦克偏重于提高机动性能；英国的"酋长"坦克则偏重于提高防护性能；而苏联、美国等的坦克，既注重提高机动性能，又注重提高防护性能。

20世纪六七十年代，随着现代军事理论和主战坦克技术的发展，轻型坦克和其他

装甲战斗车辆技术也发生了较大变化。

在此期间，轻型坦克有少量发展，主要用于侦察和执行其他特种战斗任务。采用铝合金装甲或双层钢装甲，战斗全重8～16吨，有的可以空运、空投和水上浮渡；安装1门76～90毫米低膛压火炮。美国的M-551轻型坦克安装了1门口径为152毫米的短身管两用炮，可发射普通炮弹和"橡树棍"反坦克导弹。

20世纪80年代，一些国家为适应局部战争快速部署的需要，研制了多种类型的轻型坦克。采用低后坐力技术后，火炮口径多增大到105毫米，能发射各种制式105毫米反坦克炮弹。武器系统配有简易火控系统，其火力性能已达到早期主战坦克的水平。

◎美国M-551

◎美国M-60A2

◎前苏联T—62

◎法国AMX—30

TIEJIAZHENGXIONG 铁甲争雄
第五章 战神进行时 141

◎瑞典STRV122

◎英国"挑战者"主战坦克

中东烽火——战神的怒吼

中东，三大文明和三大宗教的发源地，世界没有一个地区可与之相匹。悠久的文明和崇高的宗教吸引数以万千的人前去谒见、朝圣；丰富的石油，既为中东带来了财富，也助长了贪婪者的野心。利益的争夺和战争的阴云始终笼罩在这片生死不息的土地上，给生活在这片土地的人们留下无尽灾难和痛苦。

从1948年到1982年的几十年中，这里就战乱不止。伤痕累累的利益工具——坦克，瘫在这片盛产石油的土地上，哀鸣不断！中东命运，谁主沉浮？大众生死，谁能拯救？循环往复的纷飞战火何时可息？

中东战乱拉开帷幕

中东地区本是欧洲人以欧洲为中心提出的一个地理概念，包括埃及、叙利亚、黎巴嫩、伊拉克、约旦、科威特、巴勒斯坦和以色列等18个国家和地区，面积740万平方公里。它衔接亚、非、欧三大洲，拥有丰富的石油资源，战略位置十分重要。而巴勒斯坦则位于中东的中心地带，西濒地中海，南邻西奈半岛，扼亚、非、欧三洲要冲，成为联结东西部阿拉伯国家的纽带。

第二次世界大战结束后，美国、英国等北约国家，与苏联为首的华约组织为争夺世界霸权，展开了激烈的角逐。或幕后支持，或操纵控制，把众多弱小国家和地区无

○波兰PT—91主战坦克

情地卷入这场争斗中来。而民族纷争此起彼伏的中东地区，首当其冲地成了两大军事集团争斗的受害者。

自此，中东地区风云变幻，战火连年，再也没有了和平与安定。1948年5月14日，当犹太人宣布在巴勒斯坦地区建立以色列国时，阿拉伯国家异常恼火，表示坚决反对。

15日，愤怒的阿拉伯联盟国家——埃及、约旦、伊拉克、叙利亚和黎巴嫩等，相继派遣军队进入巴勒斯坦，向以色列挺进，信心十足地要合力做掉这个"新生的以色列国"。第一次中东战争爆发了。

战争一开始，阿拉伯国家军队就在数量上占尽了优势。其中埃及出兵7000人，约旦"阿拉伯军团"7500人，叙利亚5000人，伊拉克1万人，黎巴嫩2000人，"阿拉伯解放军"和"阿拉伯拯救军"1万余人，合计4万多人。空军装备有各类飞机131架，航船12艘，坦克装甲车240辆，各种野战炮140门。

◎苏联T—72

◎伊拉克战场上的装甲战车

面对阿拉伯联军的大兵压境，刚刚建国的以色列，很明显势单力薄。总兵力只有3.4万人，各类飞机33架，舰船3艘。让人忧心的是以色列几乎没有什么大炮、装甲车等重型武器。力量的巨大悬殊似乎表明，"以色列国"这个新生儿注定要夭折在夏季的摇篮中了。

进攻开始了，阿拉伯国家的各路联军迅猛向以色列突进。

充当行军急先锋的埃及军队，于5月15日，首先在阿里什兵分两路，从南北两个方向向巴基斯坦地区突击。

叙利亚的2个机械化旅从库奈特拉出发后，向太巴列湖南端出击，陆续攻克了约旦河两岸的三个犹太居民点，并与以军交上了手。

阿卜杜拉，这个渴望胜利、一心想成为"耶路撒冷之王"的外约旦国王，指挥"阿拉伯军团"的精锐部队向西挺进，直捣耶路撒冷。在出兵短短3天后，就顺利地占领耶路撒冷旧城，然后又向犹太人聚居的耶路撒冷新城发动进攻，迅速占领了耶路撒冷通往海岸平原公路的要地特伦，把以色列援军牢牢地挡在了外围。

在伊拉克方面，伊军投入了1个装甲车团、1个步兵团以及1个有3支航空中队支持的机械化旅，进攻纳布卢斯。相继占领了纳布卢斯、杰宁和离地中海只有11英里的图勒卡姆，威胁着犹太城赫德拉。

◎以色列MK1型坦克

◎空中战机

  综观战争初期形势，阿拉伯国家处于十分有利的地位，以色列军队节节败退。以军的将领惊呼："阿拉伯军队的进攻太猛烈、太强大了，我们简直无法抵挡，全军已处于崩溃边缘。"为扭转不利战局，以色列总理放弃自大，开始寻求国际援助了。他急电以色列驻联合国代表埃班说："以色列急需几周的时间来重新组织和装备军队"，"以色列需要立即停火"，透口气。

  作为以色列背后的靠山——美国，岂能眼看"小弟弟"以色列的灭亡而坐视不管？5月17日，就在开战的第三天，美国代表迅速地向联合国安理会递交了一份议案，建议安理会立即命令战争双方在36小时内停火。在美国快速做出反应的同时，苏联也没闲着，派代表向安理会请求立即进行表决，指责阿拉伯国家发动进攻，要求他们停止军事行动。起初，英国反对美国的建议，并声称继续给予阿拉伯国家以有力的援助。但不久，英国就改变了主意，同意美国的建议，撤走了在阿拉伯军团任职的英国军官，并停止向埃及、伊拉克、约旦提供武器。在各方势力的干涉下，6月11日，阿以双方停火四周。

  停火给了以色列喘息的机会。经过三周的战斗，以色列军队伤亡惨重。6月初，能够战斗的人员仅有2.3万人。为了应对危局，以色列决定最大限度地利用停火的几周时间，竭尽全力补充军力和购买急需的武器装备，为尔后的决战作准备。

首先，以色列全民动员、举国上下人人参战，极大地扩充了兵力，由开战时的3万多人发展到6万—10万人。然后，下血本采购大量武器。从美国、英国进口了轰炸机，特别是从捷克的旧武器市场购买了10辆安装有37毫米炮的法制"霍奇基斯"轻型坦克。在扩充兵员和采购武器的同时，以色列还大刀阔斧地进行了军事改组。把国防军编成了4个军区，明确了每个军区所分担的作战地域，战斗力得到极大加强。值得一提的是，在休整期间，以色列新组建了自己的陆军坦克部队——第8装甲旅。它是由第82战车营和由以色列传奇人物达扬指挥的第89装甲步兵突击营共同组成的。

原来，在战争前期，由于没有自己的重型装甲，以军吃了大亏。失利的战局给一直以来都自命不凡的以色列人上了生动的一课，苦涩的果子使他们耿耿于怀。休整之际，以色列人抓紧时间，想尽一切办法，终于抽调并组成了第一个战车营——第8战车营。实事上这个营只有两个连：一个连由10辆"霍奇基斯"坦克和从苏联犹太移民中挑选出的、参加过二战的坦克兵组成，另一个连由2辆"克伦威尔"坦克、1辆M4"谢尔曼"坦克和来自英国、南非的志愿军组成。

随后，在第8战车营的基础上，配以89装甲步兵突击营，建成了上面提到的、以色列的最初装甲部队。7月9日，战斗再次打响。得以休整的以色列军，首先向阿拉伯军队发动了名为"十日进攻"的攻击。以军采取集中优势、各个击破的战法。调派4

◎中东战争中的坦克

个旅，以压倒敌军绝对数量的兵力向"阿拉伯军团"占领的特拉维夫东南12英里的卢德和腊姆拉城实施突击。

在这次突袭中，新组建的坦克兵发挥了重要的作用，几乎完全决定了战争的胜负。而刚刚从捷克进口来的"霍奇基斯"坦克，则被以色列不失时机地用在了战

◎以色列MK2型坦克

场上，威力巨大！隆隆的炮声中，呼啸的炮弹带着杀气射向"阿拉伯军团"。面对突如其来、加强了火力的以色列装甲部队，阿拉伯军团司令格拉布大惊失色，慌了手脚，无法镇定地继续战斗下去，只好借口后勤供应困难，需要缩短战线，不战而逃。结果，以色列军仅用两天的时间，在7月12日，就轻松攻占卢德和腊姆拉城这两个地

◎伊拉克主战坦克

○美国M60A2

方，打开了通往耶路撒冷的门户，为接下来的战斗奠定了胜利的基础。

回过头来不难发现，这次以色列之所以能够突击"阿拉伯军团"取得成功，一个很重要的原因就在于有了"霍奇基斯"这种轻型坦克的帮助。

早在1931年，法国的霍奇基斯公司，就在参加陆军轻型坦克竞标时，推出了以公司名称命名的"霍奇基斯"坦克。

"霍奇基斯"轻型坦克具有许多优点：较好的机动性、较强的火力，可以乘坐2名乘员。在战斗状态下，装满了所需弹药和燃料后整车重量可达到10吨左右。缺点在于防护能力比较弱，最薄的装甲仅有12毫米。事实上，在二战时期，"霍奇基斯"轻型坦克就已经具备与德军坦克相抗衡的实力。但法军战术拙劣，只用坦克遂行一些单独的作战行动；而且在装备数量上也没形成优势。结果在大战中没能一展身手，发挥应有的威力。这一次，以色列军队用它来对付区一个"阿拉伯军团"，尽管是从旧武器市场上买来的二手货，也足以使对手心惊胆战、抱头鼠窜了。

北线战场上，战争双方是以色列和叙利亚军队。开始时，以色列军向叙利亚军主动发起攻击，企图夺回米什马尔哈耶丁居民点，把叙利亚军队赶往约旦河东岸，但事与愿违，在叙军顽强的抗击下，被迫撤退。

◎以色列MK3型坦克

◎M4"谢尔曼"中型坦克

于是，以军重新调整战斗方案，改变进攻方向，主力向西移动，把攻击对象锁定为拿撒勒地区、加利利北部的黎巴嫩军和阿拉伯解放军，冲锋的号角再次吹响。

7月15日—16日，以军的2个营在夜色的掩护下，利用熟悉地形的有利条件，实施突袭，成功地占领了沙德阿姆尔和拿撒勒，进而夺取了整个加利利地区。

◎M4"谢尔曼"坦克

以色列军的另一条进攻路线是东线的耶路撒冷。

耶路撒冷的马纳哈和艾因卡里姆谷地，在以军的凶猛攻击下，很快被占领。接着，以军一鼓作气进攻耶路撒冷旧城，成功占领耶拉赫贾拉，完全切断了阿拉伯人到

◎以色列MK4型坦克

◎德军豹式主战坦克

◎法国的勒克莱尔主战坦克

新城的道路。7月18日，在联合国的干涉下和有关方面的努力调停下，交战双方再一次停火。不过，平静的表面下却是双方积极的备战。短暂平静的背后，蕴藏着更大的危机，接下来的战争将更加猛烈。战争的巨轮一旦被启动就很难一下子完全地停止。不出所料，进入10月，以色列军队首先开火了。

北线战场，为了夺取加利利地区和内格夫，以色列军队不顾联合国的停火令，接连三次向阿拉伯军队发起了极为猛烈的进攻，战斗开始白热化，炮击声、惨叫声响彻在中东的大地上，不堪回首……在战争优势不断向以色列方面转变的过程中，以军抓住有利战机，连续发动数次可圈可点的重要战役，取得了一系列重大突破，使阿拉伯军团遭遇惨败。

1948年10月15日，以色列陆军在空军火力的帮助下，利用埃及军队纵深部署的重大失误，发动了"约夫"战役。在几次冲击后，以色列终于在21日控制了除法卢贾和加沙地带以外的整个内格夫北部地区。28日至30日，以色列采取正面佯攻、两面夹击的战术，发动了"希拉姆"战役，攻占了加利利和黎巴嫩利塔尼河两岸，夺取了黎巴

◎戈兰高地

◎以色列的MK系列装甲车

嫩境内的15个村庄。在这些决定战争双方命运、成就以色列辉煌的重要战役中，作为陆地王牌军种的坦克兵都发挥了不可替代的作用。

特别是在12月22日至次年1月7日，以色列对埃及军队发动的"明修栈道、暗度陈仓"式的"霍雷夫"战役更是如此。这次战役中，以色列装甲部队表现得非常出色，尤其是两辆"克伦威尔"坦克真是令人叫绝。只见它不断地怒吼着，凶猛地吐出一束束火龙，如摧枯拉朽一般撕开埃军坚固的防线，迅速向纵深突进，为后续部队开启了冲入敌军的前进道路……

提起"克伦威尔"坦克，还有一段曲折的经历呢！原来，二战期间，英军坦克在北非战场上表现很是一般，灰头土脸的。主要是步兵坦克太过笨重，骑兵坦克又过于脆弱。于是，1941年初，英军就作好了设计制造A27型重型坦克的新计划。但由于负责生产的罗尔斯公司没有能够及时完成任务，英军统帅部不得不专门设计一种A24坦克作为过渡产品。

这种过渡产品就成了"克伦威尔"坦克的雏形。1942年，迫于战争需要，英军坦克设计人员只好把A27的车体炮塔与"自由"式发动机以及"十字军战士"坦克的悬挂系统拼凑起来，作为A27重型坦克的暂时性技术规格，将其定型为A27L马克8型巡逻坦克——"人马座"式坦克。后来又被升级为A27M型，并最终被定型为"克伦威尔"坦克。

由于采用了克里斯蒂的传动系统、"十字军战士"坦克的悬挂系统以及"自由"

式发动机等，使得"克伦威尔"坦克与先前的"十字军战士"坦克有很多的相似之处，不同处就在于它的炮塔采用了六角形设计，且非常大，可装备6磅重炮。事实上，"克伦威尔"坦克共有8种型号，战斗中能够乘坐5名乘员，主要被用来执行近距离的支持任务。

在英军生产的此类坦克中，有两辆"克伦威尔"坦克几经辗转，落到了以色列手中。正是这两辆坦克在上述战争中的出色表现，以色列才最终把埃及军队完全赶出了除加沙狭长地带之外的巴勒斯坦地区。最终，敌对双方都被战争折磨得精疲力竭。以埃及为代表的阿拉伯国家同以色列，终于坐下来签订了停战协定。一切都有了结果，历时15个月的巴勒斯坦战争，以阿拉伯国家的失败、以色列的胜利而宣告结束。

战后统计显示，阿拉伯国家军队死亡人数1.5万，以色列军队死亡约6000人，大约有96万巴勒斯坦人逃离家园，沦为难民。以色列占领了除加沙和约旦河西岸部分地区外巴勒斯坦五分之四的土地，共计2万多平方公里，比联合国分治决议规定的面积多了6700多平方公里；联合国所规定的阿拉伯国家始终未能建立。

然而更为令人忧虑的是，这次战争激化了阿拉伯国家和以色列、美英的矛盾。

◎以色列装甲队伍

从此以后，中东烽烟再起，战事频频，人民陷入了水深火热之中，仿佛"中世纪的黑暗"再次来临。

横扫西奈半岛

这次战争的爆发还起源于苏伊士运河的管辖权。

苏伊士运河是埃及境内一条国际通航运河，是沟通欧、亚、非三洲的要道，战略位置十分重要。自运河开通以来，却一直为英、法所控制。

1951年，民族解放运动有了较大发展的埃及政府废除了"英国在苏伊士运河驻军"的不平等条约——《英埃条约》，宣布将苏伊士运河收归国有。但这大大损害了英、法在这一地区的既得利益。

于是，在企图利用联合国力量对付埃及的计划失败之后，英、法决定采取武力解决问题。为避免兵力不足等问题，英、法想出了邀请以色列加入、组成联盟、共同"收拾"埃及的点子。而对以色列来说，早就对埃及怀恨在心了：数年前，埃及长驱直入耶路撒冷；如今，又不准他的船只通过亚喀巴湾的蒂朗海峡和苏伊士运河。旧恨新仇一起涌上心头。事实上，早在1955年11月就制订了一个入侵加沙地带和西奈半岛的作战计划。只是时机不成熟罢了。

如今，英、法两国主动找上门来，要和自己合作，表示共同"处分"埃及，真是天赐报仇良机，三方一拍即合。

◎以色列战车

◎英军"挑战者"坦克

◎作战中的以色列MK坦克

◎美国M551谢里登轻型坦克

◎日本90系列主战坦克

1956年10月13日，法国和以色列拿出了最初的作战计划。

第二天，英、法两国又在艾登的乡村举行了秘密会议，就作战计划的具体细节作了明确。

计划决定，由以色列首先向西奈半岛的埃及军队发起进攻，吸引埃军主力部队前去支援。同时，英、法两国从塞浦路斯、马耳他、亚丁和航空母舰上出动飞机轰炸埃及军事目标，主要是摧毁埃及的军事基地。

当埃军上当受骗，主力前去西奈半岛，与以色列军交战时，英、法的军队就开始在塞得港登陆，向苏伊士运河区进攻，切断埃军的退路，使其不能回援。

最后，由以色列占领整个西奈半岛全境，英法占领运河区，全歼埃军。就这样，在战争前，决策者就把利益完美地分割了。为了达到上述作战目标，以色列投入了整整10万人的兵力，配备了150多门火炮，出动了400多辆坦克、150多架作战飞机，可谓是倾全国之力，志在必得了。同英、法、以三国严密的计划和有序的部署相比而言，埃及的形势就显得不妙了。

◎法国AMX坦克

虽然，埃及军队拥有约15万的宏大兵力，但防御重点却在尼罗河三角洲和运河地区。而西奈半岛上仅有3万人的兵力，很难以有效抵制敌军的攻击。也许，未开战，就注定要倒霉了。

更为紧迫的是，埃军的530辆坦克、500门火炮、255架作战飞机中，仅有100余架能完成作战任务。许多飞行员和坦克手还在苏联受训。人和武器还没有结合到一起，多数先进的重型装备能不能在作战中发挥作用还是一个需要质疑的问题。

1956年10月29日，下午5时，西奈埃军兵力稀少的米特拉山口，暮色中"伞花朵朵，铁甲驰骋"——500余人和部分武器装备，从天而降。

以色列的第202伞兵旅，在法国空军的支持下，利用埃军在西奈中部防御单薄的弱点，预先在米特拉山口埋下了伏兵。等到这些"天降神兵"突破了埃军的外围防线后，阿里尔·沙龙上校就亲自率领主力部队3000人，与设伏的500名伞兵会合，向米特拉山口悄然突进。

在埃军方面，接到前线报告后，东部军区司令部即刻命令第2步兵旅的两个营开过运河，迎战米特拉山口的以军部队。同时，埃军总参谋部派遣第4装甲师的主力由

◎英国百人长队主战坦克

◎英军参战挑战者2E型坦克

运河西岸进入比尔·吉夫贾法地区，两个国民警卫旅尾随前进。

为了构成包围之势，彻底消灭米特拉山口的"不法"以军，埃军指挥部命令第2侦察团向东南运动，目的是切断以色列空降部队的退路，一切都谋划得很好，尽在掌控中。

果不其然，10月31日中午，以军两个连——包括坦克支队和重迫击炮队组成的侦察分队进击米特拉山口。

由于埃军占据了险峻万分的米特拉山口的东南有利地形，因此以色列军一进入海坦谷地，就遭到了埃军的伏击。

埃军利用天然的地理优势，居高临下，配以足够凶猛的火力，沉重地打击了以军，极大地鼓舞了战斗的热情。

落入重围的以军欲哭无泪，举步维艰，只得利用临时工事进行顽强抵抗。双方激战至黄昏，以军才勉强占领谷地东部一小块地方，求得一方活命的有利地形。

就在伞兵旅丧生于此的最紧迫时刻，以色列人的"救命稻草"出现了——本·阿里指挥着由M4坦克组成的第7装甲旅，突然间像一把尖刀，准确无误地直插埃军战线的薄弱地段，有利于埃军的战局一下子就发生了逆转。

◎以色列梅卡瓦主战坦克

原来，尝到了"克伦威尔"坦克优异表现甜头后的以色列，在第一次中东战争一结束，就迫不及待地开始着手组建和扩建自己的强大坦克部队。

为了尽快给部队装备重型武器，以军以非战斗物资的名义，购入了大约100辆库存在意大利的美国M4坦克。有趣的是，这批坦克不能够立即投入使用，或者可以说是一堆"有待被挖掘价值"的废物。

问题的症结在于美国人。由于受到国际武器出口条约的限制，美国人不得不拆除了坦克上的辅助武器，还在105毫米主炮上打了孔，为的是避免嫌疑。一番折腾下来，这批坦克就像是一群没有爪牙的老虎，发不出一点威风来。但迫于战争的需要，以色列技术人员还是想法用金属件补齐了凿孔，使其可以勉强使用。但即使这样，这批"M4坦克"仍然无法成为"真正的M4坦克"——炮管本身出了问题，不足以发射出威力强大的炮弹。

非常幸运，正在欧洲各地寻求武器来源的以色列特工人员，无意间在瑞士的地下军火库发现了他们的急需——全新的76毫米火炮以及充足的弹药。有趣得很，这是瑞士在第一次大战后从德国克虏伯公司购买的一批全新装备。"无心插柳，柳成荫"，这些"新玩意"意外地被以色列人相中了。于是，眼光敏锐的以色列人如获至宝，急忙买下了这些武器，并立即用它们替换了M4坦克上的105毫米火炮。"老虎"终于可以发威了。正是靠着这批以色列自己改装的M4坦克，具有指挥天才的本·阿里根据战场形势，打破常规，将手中的两个坦克营集中起来，沿库赛马等地成功迂回到埃军后翼，实施突然袭击。

此次战役，本·阿里的第7装甲旅，不但解了202伞兵旅之危，而且击溃了埃军主力，用时仅仅100小时。并与第37机械化旅一起，发挥M4坦克的巨大战斗力，席卷了整个西奈半岛。

另一个战线上，以色列军为了实现同英、法三方既定的战略意图，决定以第38特遣部队突击位于西奈半岛东北部的阿布奥格拉，威胁布防在西奈北部的埃军主力，积极地配合202伞兵旅在西奈半岛中部的进攻。阿布奥格拉战略位置十分重要。东距埃以边境30公里，向西可通运河重镇伊斯梅利亚。另外，从阿里什到库赛马的公路也通过这里。埃军在阿布奥格拉的前方——鲁阿法水坝等地，构筑了多个坚固据点，形成了完整的防御体系。战斗打响后，经历了长久而激烈的拉锯战，双方都没有能讨到丝毫便宜。

11月1日凌晨，急于想取得战斗突破的以色列军，再一次向阿布奥格拉发起更加激烈的进攻，但在埃军炮兵和反坦克武器大规模集中的反击下，以军仍然未能取得任何进展。无奈之余，以军总参谋部只好命令先头部队暂时停止进攻，等待装甲部队随后的火力支持。

很快，不负众望、承担着以色列人殷切希望、装备了法国AMX-13型坦克的第37机械化旅终于赶到了。以色列军如虎添翼，立即把这些"及时雨"坦克派到具有战略意义的决战中。

走近AMX-13型坦克，我们就不难发现，聪明的以色列人是如何敏锐地捕捉坦克

◎M4坦克

最新发展动态，加强劣势装备水平的个中原因的。原来，在1954年，捷克与埃及就在苏联的协助下，订购了550辆坦克装甲车辆。因此，感觉到其装甲水平处于劣势的以色列立即作出了相应的反应，从法国进口200辆安装了76.2毫米火炮的AMX—13轻型坦克。

AMX—13型坦克车体长4.88米、宽2.50米、高2.30米、底盘离地高度为0.37米，可以乘坐3名乘员，净重13吨，在战斗状态下装满了所需燃料和弹药能够达到15吨。AMX—13型坦克采用了液压式炮塔，在发生故障的时候，可以采用手动的方式来应急。

炮塔后部设置了2个鼓形弹舱供弹，这些炮弹不但可以通过自动装弹的机构向火炮供弹，而且在发射炮弹之后，空弹壳还可以从炮塔后窗口自动抛出。此外，在炮塔的两侧还各装有2具烟幕弹发射器。

同时，采用了最大输出功率为250马力汽油机，因此，在AMX—13型坦克满载燃油的情况下，它能够以每小时60公里的最大速度在公路上连续行驶6—7个小时。但由于没有三防装置，AMX—13型坦克不能涉深水。因此，它的越障推进能力比较差。当前进的时候，只能够越过垂直高度为0.65米的障碍，后退时，只能够越过垂直高度为0.45米的障碍、宽度为1.6米的战壕和涉过0.6米深的水坑。

◎驰骋的法国坦克

而对手——埃及军队也不甘示弱，用上了从苏联"老大哥"处购来的SU—100型坦克，信心十足、豪情万丈地与以军展开了猛烈的炮轰。

提起SU—100型坦克，就会想到二战德军的溃败。实际上SU—100型坦克是苏联在二战期间，为对付德军新式的"虎"、"豹"坦克而专门研制的。

◎印度阿琼主战坦克

SU—100型坦克的火力系统十分强大。装备有1门能够携带35枚炮弹、1.00毫米口径的D—10S型长身管火炮。这种火炮能够发射多种弹种，射击初速度能够达到每秒钟895米，炮弹的射速为每分钟5—6发，因而具有强大的威力。它的穿甲弹可以在2000米的距离上垂直击穿厚达125毫米的装甲；在1500米的距离上击穿德国"豹"式和"虎"式坦克任何部位的装甲。

但SU—100型坦克的机动性能差强人意。它所采用的ModelW-2型发动机让它在满载燃油的情况下，能够以每小时48公里的最大速度，在公路上连续行驶差不多7—8小时；而在越野的情况之下，它的最大行程为180公里。

另外，SU—100型坦克的越障推进能力比较好，当它前进的时候，能够爬上30度的坡地，超过垂直高度为0.63米的障碍、宽度为3.00米的战壕和0.89米深的水坑。

一场艰苦卓绝的坦克会战打响了，双方各展所能，最大限度地发挥了坦克的固有性能。虽然埃军坦克的战斗性能比以军稍强一些，但以色列的战术似乎更为精湛一些。他们充分利用AMX—13型坦克在数量和机动方面的优势，采取了打破常规、虚实结合的打法，出奇制胜地将阿布奥格拉拿了下来。

最终，双方都付出了极为惨痛的代价。尽管，有点军事常识的人都知道，"两线作战是很危险的"。但目前，埃军却无奈地陷入了这样腹背受敌的困境。正当埃军主力由苏伊士河开进西奈，支援西奈半岛前线与以军激烈战斗将士，准备大规模反击的关键时刻，令埃军意想不到的事情发生了——"第三者"插足。

◎前进的法军勒克莱尔坦克

战斗打得正酣的紧要关头，英法两国借口保护"苏伊士"运河航运，向埃及发出"最后通牒"：要求埃以双方立即停火，并落井下石，向埃及提出允许其两国军队进驻苏伊士运河区。如果上述条件不能满足，就派兵干涉。地道的趁火打劫！当然，一个有着悠久历史文化、完全独立的主权国家——埃及，怎能屈辱地接受这样的无理要求呢？埃方严辞拒绝！遭到拒绝后，恼怒的英法空军，在10月31日下午，对埃及开罗、亚历山大、塞得港、伊斯梅利亚、苏伊士等城市的重要经济、交通设施，进行了狂轰乱炸。顺手牵羊，英法另外又摧毁了15个机场和数十个兵营。

同时，英法还按最初的作战方案，轰炸了部署在西奈半岛的埃及部队，企图将埃军瘫在原地，让他们永远地"呆"下去。

幸运的是，埃及识破了英法的这一战略企图。

在英法的最初空袭后，埃及总统纳塞尔就果断地做出决策，命令增援部队停止进入西奈；西奈的守军迅速撤回至运河区。从而防止英法占领运河区，避免埃军受到夹击的危险。这样，埃军开始有组织、有计划地撤出西奈半岛。驻守在乌姆希汉和乌姆卡夫特的埃军，虽受以军三面包围，仍然在夜色掩护下，充分利用装甲部队机动作战的强大威力，集中火力，瞄准以军包围圈猛烈开火，在击毁以军数辆坦克后，抽个空当向阿里什方面撤去。

11月6日，在接受了联合国的停火决议后，交战双方再次宣布停火。12月，英法军队全部撤出埃及。1957年3月，以军队撤出了埃及。最终，以色列军撤离了西奈半岛，但成功地解除了埃及对蒂朗海峡的封锁。从此以后，以色列在亚喀巴湾的航行不再受阻。以军完全达到战前制定的战略目标，以色列笑了。

战神的现代化

第二次世界大战后，一些局部战争大量使用坦克的战例和许多国家的军事演习事实表明：在现代高技术战争中，坦克仍具有不可替代的作用，地位还相当重要。

20世纪70年代以来，随着现代光学、电子计算机、自动控制、新材料、新工艺等方面的技术成就日益广泛地应用于坦克的设计和制造，使坦克的总体性能有了显著提高，更加适应了现代战争的新要求。

◎前苏联T55坦克

◎前苏联T95坦克（模型）

主要的新型主战坦克有：前苏联T—72、T—80，德国"豹"2，美国M1A2，英国"挑战者"，法国AMX"勒克莱尔"，日本74式、90式，以色列"梅卡瓦"3型，韩国88式，巴西"奥索里奥"，意大利"公羊"，印度"阿琼"。

同时，这些坦克都较均衡地提高了机动和防护两方面的性能。但这些坦克仍优先增强火力，火炮口径增大到120或125毫米，采用高膛压和身管自紧技术，并使用高能量发射药、大长径比、钨或贫铀合金弹芯的脱壳穿甲弹，对均质钢装甲的垂直穿甲厚度可达500毫米。

坦克火控系统多采用数字式火控计算机、激光测距仪、热像仪、瞄准线稳定的瞄准镜、射线指示仪等技术，提高了坦克行进间射击的首发命中率，缩短了射击反应时间，增强了坦克的夜战能力。

现代反坦克武器的种类、质量、数量迅速增长，也促使了主战坦克的防护系统技术发生变革。各种类型复合装甲逐步取代主要部位的单一均质装甲，有的坦克采用了贫铀合金装甲或挂装反应装甲，显著地提高了抵御各种空心装药战斗部的能力。

其他特种防护技术，如灭火抑爆、防红外侦察涂料等，应用更加广泛，使主战坦克仍具有较高的战场生存能力。随着坦克火力和防护能力的增强，坦克战斗全重进一步增大，多数达55吨以上。

◎新式意大利"公羊"坦克

◎T80UM2黑影主战坦克

为了提高坦克越野行驶的快速性和灵活性，坦克单位功率提高到20千瓦/吨，发动机功率最大达1103千瓦，采用中冷高增压、超高增压柴油机技术和燃气轮机技术，并与带静液转向的动液传动装置、高比位能的机械式或液气式悬挂装置相匹配，主战坦克的平均越野速度达50千米/时以上。

　　20世纪70年代以来的主战坦克，其火力性能、机动性能、防护性能虽有显著提高，但重量和车宽已接近铁路运输和桥梁承载的允许极限，且受地形条件限制大，使之对工程、技术、后勤保障的依赖性增大。由于新部件日益增多，坦克的结构日趋复杂，成本和保障费用也大幅度提高。为此，在坦克的现代化发展进程中，为了更好地发挥坦克的战斗效能、降低成本，研制越来越重视采用系统工程方法进行设计，努力控制坦克重量，并提高整车的可靠性、有效性、维修性和耐久性。

知识链接：

　　射线指示仪：发现和概略测量辐射的和辐射剂量探测仪器。用已发现放射性烟云到达和沾染的边界，概略测量沾染地域内的照射量率（或吸收剂量率），检测物体表面放射性沾染是否超过限制。供合成军队使用。

第六章
二十世纪末的表演——再战海湾

在人类战争史上，这是开天辟地的一次较量，陆、海、空立体式作战，大纵深、全方位打击。导弹、炮弹、子弹满天飞舞，上演了一幕具有信息化特征的现代战争"活剧"。以美国为首的多国部队，以最少的武器损失和最小的伤亡人数取得了最大的战争胜利。

辉煌的战绩源于一个重要的因素——被誉为"钢铁堡垒"的坦克。无可非议地，在这场战争中，坦克兵扮演了一个极为重要的角色……

1990年8月，伊拉克入侵科威特。对世界石油供应形成的巨大威胁，极大地引起了欧洲人的不安，促使以美国为首的多国部队保卫沙特阿拉伯、解放科威特。

美国总统布什决定，部署美国陆军重装甲师于海湾地区，并商定由英、法、阿三国部队提供支援。由此，启动了二战后和平时期内规模最大的一次军事部署行动。

"沙漠盾牌"行动

下半年，拥有5000辆先进主战坦克的多国地面部队先遣队整装待发，形成大军压境之势。

1991年2月，经过数周对伊拉克的轮番空袭之后，蓄势待发的多国部队对伊发动了大规模、代号为"沙漠军刀"、飓风式的地面进势。进攻仅仅持续了100个小时，萨达姆引以为豪的"世界第四大陆军"就节节败退了，数千辆坦克和火炮顷刻间土崩瓦解……

海湾战争中，许多主流武器纷纷登台亮相。坦克兵的威力再次在决战中得到发挥，为"胜负的天平"增添了些许有分量的"砝码"。

20世纪八十年代末，旷日持久的两伊战争，在八个年头后，终于结束了。和平的曙光在中东广袤的土地上再次照耀，人民总算可以安居乐业了。但是，渴望和平的世人在欢庆的那一刻，却没有发现另一个更为巨大的战争阴云悄然袭来。

20世纪九十年代初期，世界政坛再现风云变幻的本质，国际形势发生了令人震惊的变化：东欧巨变，两德统一，美苏间长期的冷战状态宣告结束，持续40多年的两极格局土崩瓦解，世界战略格局向多极化方向转换。

世界旧格局瓦解带来的严重后果之一，就是国际政治力量的均衡局面被打破，力量真空和失衡的状态在一些地区显现出来了。一些地区性强国蠢蠢欲动，为争夺区域霸主位置做着准备，群雄并起的局面开始出现在世人面前。

第六章 二十世纪末的表演——再战海湾

伊拉克对科威特觊觎已久。1961年，就做出"拒不承认科威特独立地位"的举动，并曾企图以武力将其吞并。但因遭英国干预和其他阿拉伯国家的一致反对，才于1963年，勉强承认科威特独立的合法性。此后，伊拉克因边界问题与科威特多次发生纠纷和冲突。两伊战争后，伊拉克陷于经济困境。为摆脱国内"不利局面"，伊拉克要求科威特无偿地减免其债务，并指控科威特超产石油和偷采边境石油。为了解决与科威特的边界纠纷和石油争端，从1990年初开始，伊拉克总统萨达姆·侯赛因授意他的官员，三番五次对科威特做出刁难之举，一点也不给这个近邻留面子：先是提出要一笔勾销两伊战争期间所欠下的300亿美元债务，并"以阿拉伯团结的名义"为借口，无理地提出领土要求。

面对伊拉克的霸道和不讲理，科威特予以严厉回绝。政治渠道行不通时，萨达姆就想使用武力来硬的。在他的一声令下，伊军迅速向两国边界集结，同时，通过外交途径向科威特发出最后通牒。刹那间，科伊边境危机四伏，战争如箭在弦上，一触即发。

1990年8月2日凌晨2时，享受着幸福时光的科威特人，伴着盛夏暑气的氤氲，沉沉地熟睡着。月照星空，万籁俱寂。在这安详宁静的时刻，谁会想到，随着个人野心

◎苏制T—72

的膨胀，30万伊拉克军队在最高统帅萨达姆的一声令下，以"军中之军"的共和国卫队——萨达姆称之为"伊拉克精锐"——为主力，在数百辆苏制T—72主战坦克的开道下，像天边响了个炸雷，以排山倒海之势迅速越过125公里长的科伊边境，如入无人之境、几乎没有受到阻挡地、冲向科威特首都科威特城。

T—72主战坦克可谓名声赫赫，是前苏联研制的第三代主战坦克，具有火炮口径大、命中率高、行程大、重量轻等特点。

它是在T—64主战坦克基础上发展而成的，由车体、坦克炮及炮塔、火控系统、动力装置组成。全长9.53米，车体长6.4米，车宽3.37米，高2.19米，战斗全重41吨，是主战坦克中质量较轻、体积较小的一种。

它的主要武器为一门125毫米滑膛炮，配有尾翼稳定杀伤榴弹、脱壳穿甲弹、空心装药破甲弹。当采用脱壳穿甲弹射击时，在2000米距离处垂直穿甲厚度280毫米，破甲厚度500毫米。炮弹可由自动装弹机装填。

此外，在T—72主战坦克上装有三防装置：自动灭火装置、烟幕施放装置、潜渡装置，使坦克具有较好的生存能力。从总体性能看，T—72主战坦克具有较强的火

◎前苏联T—64坦克

◎前苏联T—72主战坦克

力、防护力，但它的机动性能较差，火控系统较为简单，抵御高性能穿甲弹能力弱。

科威特夜晚的沉静瞬间被打破，T—72主战坦克隆隆的炮声令人发慌，睡梦中的科威特人不知所然。硝烟弥漫的天空中，无数架伊拉克轰炸机、歼击机、武装直升机呼啸而来。一排排、一串串，数以万计的重磅炸弹、集束火箭，准确地命中目标。远处，地面伊军的一个坦克师和八个机械化师扇子面地一字排开，几路大军齐头并进，直指科威特城，大有黑云压城城欲摧的气势。当时，伊拉克——这个号称世界第四强国、在阿拉伯国家中称王称霸的老大，则刚刚经历了长达8年的两伊战争洗礼，其丰富的作战经验和强大的军队数量令人不可小觑。

而与之相比，无论是从哪方面来看，科威特都微不足道：国土面积仅仅1.8万平方公里；军队只有2万人，根本无法与强大的伊军抗衡。在如此悬殊的力量对比下，伊军只用了10个小时就彻底占领了科威特全境。

一个防御能力如此薄弱的主权国家，被强大于己数倍的伊军瞬间侵吞，公理何在？全世界愤怒了，人们开始一致谴责伊拉克，认为这是非常严重、粗暴地践踏国际法准则。当天，也就是伊拉克入侵科威特的第一时间，第660号决议就在联合国安理会通过了。决议要求萨达姆必须立即无条件撤军、马上恢复科威特合法政府。

接着，在短短5个月的时间里，安理会就通过了11个决议，旨在采取各种制裁措施，迫使伊拉克军队从科威特撤走。联合国如此集中地、就某个国际问题连续通过决议，在它成立至今的历史上是从未有过的。

1990年11月29日，一个特别的第678号决议通过了。该决议授权安理会成员国与科威特政府合作，"采取一切必要手段维护和执行安理会第660号等针对伊的决议"，并限伊拉克于1991年1月15日前完全执行上述有关各项决议。这相当于对伊发出了最后通牒。

伊拉克的侵略行径，在遭到世界上绝大多数国家强烈反对的同时，也不可避免地冲击了美国在海湾的巨大战略利益。从而与谋求建立"国际新秩序"的世界霸主——美国产生了不可调和的矛盾，为其出兵海湾提供了借口。

在竞争日益激烈的今天，要想成为世界强国，能源是第一位的。中东，因其丰富的石油资源正圆着那些一心想成为"强国"的大国梦。有关数据显示，美国进口石油的20%、西欧的35%、日本的70%都来自海湾。可以说谁控制了海湾，谁就霸占了美国和西方的"经济生命线"。

在感觉到严重的威胁后，美国人生气了。面对如此"不给面子"的冷面王——萨达姆，同时也为控制海湾石油资源和中东战略要地、为建立冷战后以美国为主导的国际新秩序打下基础，美国一方面对伊进行外交谴责和经济制裁；另一方面，开始全面启动战争机器，决心要给伊拉克点"颜色"瞧瞧。

美国出兵海湾的战略目的主要是：控制海湾石油资源，掌握西方经济命脉，巩固其在西方世界的"领导"地位；长期驻足海湾，在中东建立以美国为主导的"新秩序"；制服地区强国伊拉克，保持海湾地区力量均衡，维护美国全球利益。

8月4日，美国决定向海湾派遣部队。随后3天，"沙漠盾牌"行动计划由总统布什正式签署。8月7日，作为先头部队，大约2000多人的美军第82空降师的1个旅，从北卡罗来纳州的布拉格堡基地乘飞机起飞，前往沙特。美军的"沙漠盾牌"行动正式开始了。

代号为"沙漠盾牌"军事行动的作战要点，是对伊实施进攻作战，以达到：瘫痪伊国家指挥当局；将伊军赶出科威特；消灭伊共和国卫队；尽量摧毁伊弹道导弹和核生化武器；帮助恢复科威特合法政府。

该计划共分为两个阶段：第一阶段，也就是防御性快速部署阶段，时间段为8月7日到11月7日。在此期间，美军共向海湾运去24万部队。

11月8日，第二阶段的进攻性快速部署开始，美军又向海湾地区增派了20万部队。截至1991年1月15日，海湾地区的美军数量庞大，总人数高达43万，美军又继续大量增兵。在海湾布置大量兵力的同时，美军也向海湾运去了带有高科技特性的、种类齐全、性能强大的新型武器装备，令人大开眼界。其中最有代表性的就是M1A1新型三防坦克了。

M1A1坦克生产于1985年，1986年正式装备部队。从武器系统来看，该坦克的主要武器是1门联邦德国莱茵公司金属公司研制的Rh120式120mm滑膛炮。该火炮采用立楔式炮闩，安装了热护套和大的圆形抽气装置，炮口校准装置改装后更加安全。同时，随着火炮口径的增大，M1A1坦克弹药基数减至40发，炮塔尾舱内仅能存放34发，车体后部弹药仓内存放6发。

而且，为了提高安全系数，设计人员在炮塔尾舱的弹药仓中安装了新的减振弹架，在弹药架上布置有塑料棒和挡板，把炮弹相互隔开。

此外，车内弹药仓内还有聚乙烯衬料层。主要装备是贫铀穿甲弹、尾翼稳定脱壳穿甲弹、M830破甲弹等。

◎美国M1A1三防坦克

M1A1坦克最大的特点，就是采用了新型的增压集体三防装置。该装置有2个通路，其中一个经过核生化过滤器，另一个不经核生化过滤器，后者用作换气系统，取消了炮塔废气排放风扇。增压装备安装在车体左侧炮塔突出部内，可由车长或装填手控制。

车内装有声音报警器和三防显示灯等，危急时探测装置可自动启动增压装置。增压装置的燃烧室可为车内供暖。

同时，贫铀装甲的使用也使得车体防护能力有了很大的提高。安装贫铀装甲的部位是车体前部和炮塔，贫铀装甲在两层钢板之间。这种新式贫铀装甲的密度是钢装甲的2.6倍，经特殊生产工艺处理后，其强度可提高到原来的5倍。因此坦克防护力大为提高，伊军的炮弹打在它身上就像挠痒痒一样，而M1A1炮管中发射的贫铀装甲弹，却像刺穿薄布一样轻易地击穿伊军坦克的装甲，给予对方部队致命的打击。

相比之下，伊军最先进的坦克就是苏制的T—72坦克，但其电子和火控系统都没有达到前苏联服役坦克的标准，性能早已被美军了如指掌。

◎美国M1A1坦克内饰

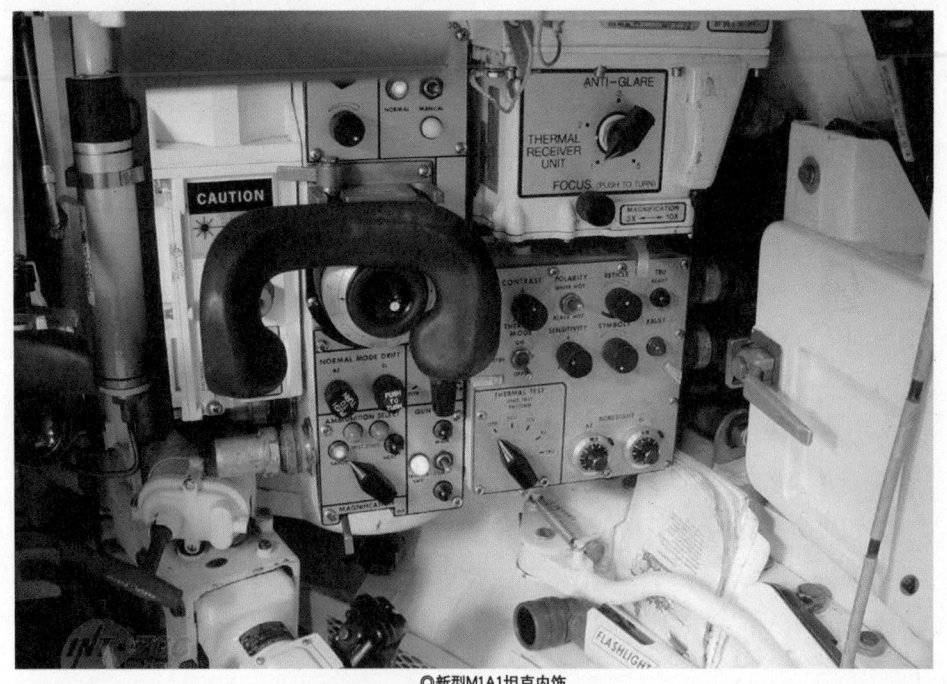

◎新型M1A1坦克内饰

　　火炮射程与西方最先进的坦克射程相比，相差约1000米，自然不是北约装甲车辆先进系统的对手。

　　即便如此，伊军这样的T—72坦克也仅有500辆左右，只占伊军坦克总数的五分之一。

　　在积极备战、部署武器装备的同时，美国又动员其外交力量，开展了空前广泛和积极活跃的外交活动，说服西方盟友配合、谋求阿拉伯国家合作、争取苏联和第三世界国家支持，力图建立一个更广范围的反伊联盟，在国际上最大限度地孤立伊拉克。从而实现以最小的代价换取最大的胜利、补充兵员、分担战争费用等各项目标。

　　不懈的努力，巨大的回报。美国的外交取得了成效。参加组建多国部队的国家规模空前，最终达到了39个。大大小小的国家和装备不一的部队，共同组成了以美国为首的多国部队，声势浩大，气势逼人。为取得战争的绝对胜利，多国部队制订了周密的作战计划。

　　首先实施连续不断的高强度空袭，摧毁伊拉克战争潜力和战略反击能力，达到重创伊军地面部队、瘫痪其防御体系、震撼其士气民心的威慑作用。而后，在海、空军强大支援下，出动地面部队，出其不意、快速坚决地纵深穿插、迂回包围，歼灭伊军主力，于科威特北部和伊拉克南部地区，最终达到既定的战略目标。

为此，地面部队主要部署在沙特，由三个梯队组成：以装甲步兵为主组成第一梯队，以美军重型地面部队主力为主组成第二梯队，以美军轻型部队组成第三梯队，对伊军形成大纵深、多梯次的进攻态势。

空军、海军也部署到相应位置。至此，多国部队正式对伊军形成了波斯湾、沙特、印度洋、红海、以色列、地中海至土耳其的战略包围圈。实力差距十分悬殊。虽然多国部队在数量上和伊军不相上下，但从质量上来讲，多国部队占有绝对的优势。无论海空力量、武器装备，还是科学技术、军事素质等方面各是如此。萨达姆，真是个战争狂，面对多国部队的大兵压境，毫无退缩之意，加紧时间继续备战。

针对多国部队的军事部署和国际社会的经济制裁，萨达姆采取了相应对策。外交上，积极展开宣传，号召阿拉伯人展开"圣战"，打击美国和"推翻阿拉伯的统治者"。经济上，采取了内部紧缩，对外寻求突破口的政策。军事上，加紧扩军备战，发起全国战争总动员，扩充兵力上百万，装备坦克5800辆、装甲车5100辆、火炮3.8万门等。

◎苏制的T—72坦克

◎德军猎豹坦克

在南部战区，即伊科战区部署有43个师，坦克4280辆、火炮2800门、装甲输送车2800辆。在北部战区，部署有2个军约17～18个步兵师，以防美军在土耳其方向开辟第二战场。在西部战区，即叙利亚和约旦方向部署有1～2个步兵师。在中部地区，部署有1个军3个步兵师。另有1个师和4个旅，含共和国卫队2个旅部署在巴格达周围。

针对多国部队的重复包围，伊军在科沙、伊沙边界一直延伸到伊拉克境内设置了三道防线，构筑了大量反坦克工事，挖了一道又一道的壕沟，沟里布满石油桶和输油管，地下布设了数十万枚反坦克地雷，地上筑起一道道铁丝网，前沿阵地挖了一个个战壕，一辆辆T—72坦克掩蔽于其中。在第二梯队内，还准备了数千辆坦克和装甲车，形成了一个所谓攻不破、炸不垮的"萨达姆"防线。

还在海面布设了大量漂浮水雷和数艘装满石油的油轮，以阻止多国部队从海上登陆。就在美国、伊拉克紧锣密鼓地进行军事部署的时候，世界绝大多数国家都伸出了"和平之手"，希望通过非战争手段解决双方一触即发的激烈冲突，进行了一系列调解活动和外交努力。

但是，被利益迷住了眼的伊拉克，根本看不清形势的发展，做出了错误的选择，坚持侵吞科威特的强硬立场。一切无可挽回，战争终于爆发了，噩梦也就来临了……

时间定格在1991年1月17日凌晨2时40分。

地点：巴格达。

100多枚"战斧"式巡航导弹突然向伊拉克防空阵地、雷达基地呼啸而来。攻击开始了，停泊在海湾地区的美国军舰首先发难。伊军还未做出反应，紧接着第二波次空袭开始了，从沙特、巴林和美国航空母舰起飞的数百架飞机，对伊拉克和科威特的重要军事目标进行了数次轮番轰炸。突然攻击、持续火力后的两小时，美国总统布什出现在发布会上，郑重宣布，代号为"沙漠风暴"、"解放科威特"的军事行动开始了，海湾战争正式打响。为了避免参战人员的大量伤亡，带来不利的政治影响，在此次行动中，多国部队充分发挥自身的高科技优势，以长时间、大规模的空袭来达到减少人员伤亡的目的，并力争用空中战斗，用不接触的方式解决问题。

联军决定，如果空袭能使伊拉克屈服，那是最好。如果伊在空袭后仍死不悔改，那么强大的地面进攻就即将开始实施，前提是伊军的有生力量被破坏之后。

多国部队"沙漠风暴"作战计划，把整个空袭分为战略性空中战局、夺取科威特战区制空权和战场准备三个阶段。从1月17日到2月24日，多国部队对伊实施了38天不间断的强大空中火力打击。

全方位、多批次、长时间的空袭后，占领科威特的主力功臣、萨达姆引以为豪、赖以与多国部队抗衡的主要资本——坦克装甲部队，在多国部队漫天如雨的狂轰乱炸之后，有上千多辆坦克就此灰飞烟灭。而伊军装甲部队的王牌，曾经突破科威特防线的尖兵——T-72坦克也不能例外。在多国部队空中力量的密集打击下，损失甚至更为惨重。特别是贫铀弹的威力巨大，让无数伊军T-72坦克化作团团火球，成了一堆堆无用的废铁。

在多国部队的空袭中，伊军也采取了一些主动的反击行动。但由于缺乏更为行之有效的打击手段，伊军更多地是采取"藏"的策略，消极防守，结果始终被动挨打。据统计，38天的空袭中，伊军重装备损失达30%—45%，伊军士气受到沉重打击。萨达姆的精锐之师共和国卫队成了多国部队空袭的重点"关照"对象，遭受的损失最重，"军中之军"往日的威风早已荡然无存。

"沙漠军刀"——地面进攻

从1月20日开始，多国部队共调集了27万兵力，准备对伊发起猛烈的地面进攻。

为了实施地面进攻作战，美中央总部陆军也制订了具体战役计划，这就是"沙漠军刀"计划。

在这次"沙漠军刀"军事行动中，多国部队计划采用陆海空联合行动，主力从左翼科沙边境西部穿越伊拉克沙漠，直抵幼发拉底河谷，以多路进攻与主力包围相结合，击败伊军并歼灭科威特战区的伊共和国卫队。

计划要求主攻部队尽量避免伊军坚固防线，突入伊拉克腹地，从西部包围伊军，重点攻击并歼灭伊拉克共和国卫队装甲师、机械化步兵师以及其他伊军重型师。

为此，多国部队在沙伊、沙科边界约500公里正面上，部署了三个战役集群执行地面作战任务。左翼为西线攻击集团，部署在沙伊边界中段。编成内有勒克中将指挥的美第18空降军的第82空降师、第101空降师、第24机械化步兵师和1个装备了AMX-30坦克的法国第6轻装甲师，实施辅助突击，从沙伊边界突入伊境至幼发拉底河岸，控制塞马沃以东通往巴格达的8号公路，孤立科威特境内伊军部队，协同美第7军歼灭伊军共和国卫队。

中间为中央攻击集团，部署在沙伊边界东段。编成内有弗兰克斯中将指挥的美第7军的第1步兵师、第1骑兵师、第1装甲师、第3装甲师、第1机械化步兵师和第2装甲骑兵团，以及装备"挑战者"坦克的英军第1装甲师。其任务是担任战役主攻，计划向伊南部地区迂回，对巴士拉以南地区实施主要突击，在东、西攻击集团的配合下，围歼部署在该地区的伊军精锐——共和国卫队。

右翼为东线攻击集团，部署在沙科边界段西段。编成内有布默中将指挥的美海军第1陆战远征部队统辖下的陆战第1师和陆战第2师，以及阿拉伯诸国参战部队。其任务是收复科威特，吸引伊军注意力，并由南向北挤压伊军。

计划制订以后，为隐蔽部队的大规模机动，使伊军搞不清多国部队的真实意图，无法做出相应的部署调整。美军第18空降军和第7军数十万人分别从原驻地向新的进攻出发地隐蔽了200多和300多公里。

在确认伊军前线兵力损失近半，并对上述西调行动毫无察觉之后，多国部队发起了对伊强大的地面进攻。战争的另一头，伊军错误地判断，多国部队的主攻方向是科威特，所以把重兵集结于科威特沿岸和科沙边境，而在漫长的伊沙边界中只留了一个师防守，埋下了巨大的隐患。

2月24日，在对伊拉克进行了连续38天的狂轰乱炸之后，布什总统下达了对伊地面进攻的命令。瞬时，多国部队大炮齐鸣，炮弹像暴雨般向伊军阵地倾泻而去。几分钟后，五角大楼发言人向全世界宣布：海湾战争的"最后决战"——地面作战开始。首先发起攻击的是东线集团美海军陆战第1师，他们在155毫米榴弹炮的掩护下，由M—60坦克和"眼镜蛇"直升机打头阵，在黑夜里跨过边界攻入科威特，近万名陆战队士兵乘坐装甲运兵车和其他车辆随后跟进。

双方在贾贝尔机场展开激战，最终先进的M60坦克占据了上风，一举击毁了伊军25辆T—55坦克和T—62坦克，迅速突破了伊军防线，向科威特境内推进。

随后，陆战第2师也发起了进攻，在A—6攻击机和"眼镜蛇"直升机的强大火力支援下，该师于挺进途中击溃了伊军第7和第14步兵师，深入科威特境内32公里，俘虏伊军8000名。在东线集团发起进攻的同时，西线攻击集团于同一时间投入了攻击。该集团左翼的法军第6轻装甲师和美军第82空降师于前进途中击败伊军第45机械化步兵师的抵抗，俘虏2500名伊军后向北长驱直入，下午夺取了距边界145公里的预定攻击目标塞勒曼机场，建立了整个进攻战役的左翼屏障。

7时，西线集团中路的美第101空降师接着发起攻击。"阿帕奇"攻击型直升机充当最先锋、"黑鹰"通用直升机和"支奴干"运输直升机搭载武装士兵和重型装备紧随其后，300多架直升机群排成6路，紧贴沙漠呼啸着插向伊军防线纵深。

8时20分，机群到达边界以北113公里处的预定降落点，2000名士兵们冲出机舱，迅速击溃了守卫在这里的伊军第49步兵师的1个营,建立起了一个代号为"眼镜蛇"的前方作战基地。

下午,该师突击分队从"眼镜蛇"基地出发继续向北进攻,黄昏时分飞抵272公里处的幼发拉底河谷,在伊拉克南部通向巴格达的8号公路上设置了警戒线。

第101空降师因拥有庞大的直升机群来快速运载兵力兵器,所以是地面战开始当天深入伊军防线最远的美军部队。

下午15时,西集团右翼的美军第24机械化步兵师在麦卡弗里师长的率领下也投入了进攻,一路未遇到强有力的抵抗。第24机械化步兵师以每小时40—48公里的速度向北推进,午夜时分已抵达120公里的纵深地域。担任主攻的中央攻击集团原计划于2月25日凌晨开始行动。但指挥官施瓦茨科普夫于24日中午便接到东西两翼集团频频传来的捷报,于是决定让美第7军提前展开进攻。

24日下午15时,担任中央主攻、配备有先进的1500辆布雷德利战车和1500辆令人生畏的M1A1主战坦克的美第7军,以第2装甲骑兵团为先导,第1机械化步兵师、第1和第3装甲师随后跟进,向北发起猛攻。至24日当晚,美第7军所辖的各师均深入伊拉克境内20—35公里。2月25日,多国部队继续推进。

东集团主力美海军陆战1师和2师在推进到科威特市西北方向的一个地方时,遭到了伊军第3装甲师和第1机械化步兵师的抵抗。厚密的乌云、燃烧的油井散发出滚滚的黑烟,战场能见度只有数米。

尽管如此,第二装甲师的猛虎旅凭借M1A1主战坦克装备的先进观瞄系统,透过层层黑幕搜索目标,把伊军坦克的"黑影"牢牢地套在瞄准镜里,计算机转瞬间算出一串射击瞄准数据,炮手果断发炮,使伊军的坦克连连中弹,其车体碎片伴着浓烟和烈焰腾空而起。

打掉伊军的坦克群后,这两个美军陆战师的M1A1和M—60坦克立即冲到对方步兵阵地前沿,利用高速机枪和火焰喷射器把躲在建筑物和堑壕里的伊军全部肃清,于25日当晚进至距科威特市的16公里处。这一天,西线集团主力开始大规模进击幼发拉底河谷。美军第101空降师首先封锁了幼发拉底河流域的8号公路,接着占领了幼发拉底河沿岸的一个伊军野战简易机场。

西线集团的另一支主力第24机械化步兵师在击破了伊军第26、第35步兵师的微弱抵抗后,抵近幼发拉底河。至此,伊拉克共和国卫队的北撤之路被切断了。中央攻击集团主力美第7军在向北卷进的过程中,与伊军装甲部队展开了坦克遭遇战。美军的

○英军的"挑战者"坦克

M1A1主战坦克装有120毫米滑膛炮，威力巨大。而英军的"挑战者"坦克也非常出色。它配合M1A1主战坦克，快速突击，一举纵穿伊军装甲师防区，令伊军坦克手惊诧不已。

至当天晚上，美第7军部队已深入伊拉克境内130多公里。26日，由弗兰克斯中将率领的美7军加快了前进的步伐。"朝东进攻，去打共和国卫队！"此时，在弗兰克斯中将麾下集结了一支庞大的装甲部队，包括美军的第1、第3装甲师，第1机械化步兵师、第1骑兵师和英国的第1装甲师。它们是北约的精锐，是从专门对付华约部队中抽调来的主力。

值得一提的是，在这一天的推进中，英军的"挑战者"坦克部队表现出了不俗的佳绩。摧毁了300多辆伊军坦克，击毁大量的伊军战车，创下了"自身无一受损"的记录，一下子声名大振。"挑战者"坦克是英国研制的第三代主战坦克。"挑战者Ⅰ"型坦克最突出的特点是采用120毫米线膛炮，配用尾翼稳定脱壳穿甲弹和碎甲弹，具有强大的穿甲能力，用于对付装甲目标。

◎ "挑战者Ⅰ"型坦克

该坦克还配有先进的综合式火控系统,包括数据处理、瞄准、传感器和火炮控制系统。在有的坦克上还配备有先进的热像仪,具有夜战能力。

在"挑战者I"型坦克上装备有新型装甲"乔巴姆",其防护力是均质钢甲的3倍,因而具有出色的防护性能。

有了M1A1主战坦克和"挑战者"坦克部队的冲锋陷阵,弗兰克斯中将信心百倍,指挥着他的第7军马不停蹄地冲向巴士拉。快近黄昏时,大军开到巴士拉附近。彻夜的攻击中,美第1、第3装甲师首先截住了"麦地拉"师。夜色下,双方的坦克在近距离激战了数小时,交战地区的天空被炮火和炮弹爆炸的强光照得通亮。

共和国卫队不愧是一支劲旅,尽管在前一阶段38天的空袭下,损失了近4成重装备,实力受到很大的削弱。但面对多国部队上千辆坦克的进攻,他们仍依靠着残破的工事、巷道、坦克战车的残骸,甚至是同伴的尸体抵抗着多国部队前进的脚步,顽强地坚守着阵地。

◎前苏联T—72坦克

在这里，多国部队遇到了展开地面进攻以来最强硬的抵抗。巴士拉南部地区数十千米长的战线上，美军装备有470辆M1A1坦克和330辆M2步兵战车的3个装甲师，同拥有300辆T—72坦克的伊军展开了二次大战以后最大规模的坦克激战。

战场上，有着"伊拉克最精锐部队"称号的共和国卫队再次纠集起残余的数百辆坦克，与多国部队的装甲展开了面对面的炮轰，开始了一场殊死搏斗。硝烟弥漫、炮声隆隆的战场上，在炮兵部队火力的强大掩护下，多国部队的两百多辆坦克向伊军装甲部队展开了猛烈的冲锋。

高呼着"效忠萨达姆"口号的共和国卫队的士兵们，带着无限悲愤，相互激励着、计算着敌我坦克部队的交锋时间。时刻准备着，只等一声怒吼后，就与多国部队的陆军展开厮杀，无怨无悔地为祖国洒下自己的满腔热血。双方装甲部队的试探交火开始了。坦克粗大的炮管冒出了朵朵黑烟，不停的怒吼声、巨大的轰鸣声，在辽阔的战场之上阵阵回荡。杀敌数千，自损八百。这一轮交火，双方都付出了代价。反应敏捷的多国部队指挥官发现，这样打下去，损失大、进展慢，很难迅速地突破共和国卫队的防线。

审时度势后，多国部队开始缓缓地撤退了，准备集聚力量，来日再战。冲击多次，却屡次受阻。不得已，美第7军发出紧急召唤飞机前来参战的呼叫。有着快反能力的美军，不愧为"世界第一强军"的称号。只一会儿，一群"阿帕奇"攻击直升机和A—10攻击机在远处天际闪出，急驶而来。

离战场还有5公里的"阿帕奇"，就开始对伊军进行猛烈攻击。一枚枚"海尔法"反坦克导弹，从神奇的"阿帕奇"口中吐出，呼啸着飞向伊军坦克。而A—10则从更远的距离上发射"小牛"导弹，密切地配合着地面部队的攻击。顿时，无数伊军T—72坦克成为一堆废铁。美军除了在数量上占优势外，坦克的性能也超过了对方。M1A1坦克不仅具有强大火力和首次使用的贫铀穿甲弹，还有极为灵活的火控系统，这一切都使T—72坦克完全丧失了还击能力。特别是在夜幕下的M1A1坦克，能在T—72坦克不能发现的距离先行发现和发射火炮，致使T—72坦克死于非命。

阵地上，M1A1坦克在三千多米的距离上也不停地怒吼着。美军空地一体的联合火力实在太厉害了！共和国卫队怎能经得起这样的打击？

在第1和第3装甲师以及第2装甲骑兵团的强大攻势下，他们实在是顶不住了，伊军自以为固若金汤的防御阵线被撕开了一个大口子。为避免被围歼的惨剧发生，共和国卫队只好割肉补疮，丢弃阵地，撤回巴士拉。随后，美军向科威特市郊挺进，伊军望风而逃，沿途丢弃的武器装备随处可见。凶恶的战斗结束了，"鲜亮的身影"依旧令人难忘。实施"沙漠军刀"行动、担任地面进攻主力的美军M1A1坦克表现仍然突出、大放异彩，吸引了世人无数惊奇的眼球，令人拍案叫绝、赞叹不已。

与共和国卫队交手的攻坚战场上。前期，由于作战双方过于接近，敌我展开了短兵相接的"肉搏战"，M1A1坦克强大的威力无从发挥。

调整作战部署后，在空中战机的有力配合下，M1A1从数千米处开始向伊军发力，逐渐显现出英雄本色。它的滑膛炮射程远，最大射程3500米，有效射程2000米，大大超过了伊军装备的苏制T—72坦克。

这样一来，美军在战斗中采取了"超射程战法"，专门在伊军坦克有效射程以外发起攻击。结果，打得伊军的坦克东倒西歪，油箱着火、弹药爆炸，炮塔飞散到十几米的空中，最终取得了对伊军坦克"收割"式的战果。令人自豪的不仅在于，M1A1有锋利无比的"矛"——120毫米滑膛炮，还有更为锐利的"矛尖"——贫铀穿甲弹！

曾经因拥有如此厚重的装甲，让伊军绝对骄傲的T—72坦克，在M1A1发射的贫铀穿甲弹面前，却不堪一击，像薄纸一样被轻易地撕碎。一阵阵剧烈的爆炸后，在巨大的火球中，T—72变成了一堆无用的残骸，悲泣着……

作战武器瞬间蒸发、战斗力顷刻消失。伊军士兵彻底惊呆了！只有到了这个时候，他们那无比自豪的战斗意志才逐渐退却，开始意识到自己面对的究竟是个多么可怕的怪物。惊魂未定之余，伊军再次拿出了万分的信心，怀着对萨达姆的迷信和军人的责任，向着M1A1坦克展开了最后的反击，试图从失败的迷蒙中清醒过来。

稍许喘息后的T—72坦克开始发威了！凭借着比M1A1更为强大的125毫米滑膛炮的巨大威力，伊军数百辆坦克同时喷射出密集的弹雨，将视野之内的一切统统熔为火海。伊军将士们满怀着希望的期待，期待着对面那些钢铁怪物能神化般被摧毁、被战败的场景。强烈的渴望中，有些人已经开始准备欢呼了。

然而，失望还是不管不顾地来临。伊军满腔的希望再次被无情的现实击得粉碎——T—72的弹雨如期而至，准确地命中目标，一阵剧烈的爆炸过后，炮弹只是击毁了表面装甲，M1A1竟然毫发未损，没有一辆被摧毁，结果车内乘员平安无恙地脱离危险！

胜利归功于一点，M1A1拥有强大的"盾"——贫铀装甲！

©战无不胜的美国M1A1坦克

也就是说,这种新型装甲的防护力比得上普通装甲的5倍还多。有了这面坚固的"盾",伊军坦克发射的炮弹就全部失效,毫无用处;而一辆辆被摧毁的T—72,则造就了M1A1的辉煌胜利,作了装饰"红花"的"绿叶"。在M1A1抢眼的表现下,配以多国部队立体式的空中作战,伊军无法抵挡,很快就全线溃败。最后,在多国部队的猛烈打击之下,伊军的装甲陷入了火海之中,共有29个师丧失了作战能力,失败已注定。

对伊拉克陆军精锐部队进行了连续90个小时的沉重打击之后,多国部队取得了胜利。在这场地面决战中,美国军队和多国部队以最少的武器装备损耗率和最少的人员伤亡率,夺取了这场战役的巨大胜利,这在近代战争史上堪称是独一无二的,而这一切都是与坦克兵的巨大威力和作用分不开的。

知识链接:

热像仪:红外热像仪就是把物体的红外辐射转变成可见光,供人们观察。红外热像仪与微光仪器虽同属于夜视仪器,但是它们的工作原理是不同的,微光仪器的工作原理是把物体被微弱的光照到的光反射,通过微光仪器加以放大,也就是把弱光信号增强,以使人们能够用眼观察。而红外热像仪则是接收物体的热辐射。自然界中的所有物体都有热辐射,温度不同,热辐射量也不同,红外热像仪也就是利用探测器接收不同的热辐射形成图像。

最后的胜利

萨达姆终于低下高昂的头,服软认输了。

美国总统布什产生了一个自信的想法,认为在遭到如此重大的失败之后,萨达姆独裁政权的垮台是毫无疑问的。又基于以下考虑:避免给多国部队造成更大的伤亡;给战后伊政府保留必要的军事实力,牵制不服美"管制"的伊朗,维持海湾地区政治力量的平衡。布什总统决定停止进攻。海湾当地时间28日8时,多国部队宣布停战。

从发起地面进攻起,到逐出伊拉克军队,占领科威特国际机场,解放科威特城,总共只用了100个小时。1991年2月,在不到两周的地面战争中,多国部队共摧毁和缴获伊军坦克4000余辆。在战争中,伊拉克的大多数装甲力量都土崩瓦解。4月11日,安理会宣布在海湾正式停火。至此,海湾战争正式结束。在这场历时42天的战争中,伊拉克方面参战的43个师共有38个师被重创或歼灭,3874辆坦克、1450辆装甲输送车、2917门火炮被击毁或缴获。萨达姆先前所承诺的"战争之母",最终仍然在多国部队的炮火下败下阵来。强大的伊拉克装甲部队自此销声匿迹。

多国部队在这场非对称的战争中轻松地获得了胜利,使美国摆脱了多年来一直影响自己的"越战综合征",增强了其干预国际事务的能力和信心,助长了他独霸世界的野心。

海湾战争后,在全球和地区事务活动中,美国的干涉和介入程度进一步提高,如干涉波黑、索马里、海地等地区事务,实施北约东扩,制裁和武力打击伊拉克,发动科索沃战争等。无一不流露出其强权政治和新干涉主义的印迹。

美国这些试图巩固自己"世界警察"形象的霸权行为,不仅给地区安全带来不利影响,同时也给世界和平与稳定埋下隐患。同时,海湾战争也加速了苏联解体和两极格局的终结。客观地说,有利于多极化趋势的发展。

海湾战争后,苏联解体,美国大获全胜,成为冷战后唯一的超级大国。然而,这并没有使世界基本力量的对比发生改变。世界多极化发展的速度不是减慢了,而是加快了。

海湾战争是第二次世界大战结束后,首场大规模、现代化程度最高的局部战争,它广泛地使用了20世纪80年代末90年代初最先进的高技术武器装备,威力巨大,效果明显。高技术武器在海湾战争中的广泛运用,标志着高技术局部战争模式已经作为现代战争的基本样式登上了世界舞台。由于高技术武器的使用,现代战争的作战思想、作战样式、指挥方式、作战部队组织结构以及战争进程与结局等方面都出现了重大变化,战争节奏快、烈度高、立体性强,引发了一场以机械化向信息化战争转变为基本特征的世界性军事革命。

◎美国的战车

第七章
新世纪的抉择——战神何去何从

  无可争议，在人类战争长河中，坦克兵绝对是战场上最迷人也最可怕的存在之一，但随着坦克发挥巨大作用的同时，坦克的敌手也就出现了，特别是近几年反坦克武器得到了迅猛发展，对坦克提出了重大挑战。

  在军事科技日新月异进步的今天，像历史上千辆坦克大会战的景象，在今后越来越现代化的战争中将不复存在。昔日主导战争的陆战之王何去何从，必将引起世人更多的关注……

战神面临新挑战

自从第一次世界大战期间诞生第一辆坦克后，反坦克武器也就随之诞生了。在现代战争中，当坦克发挥巨大威力左右战争进程和结局的时候，反坦克武器也开始了自己的光荣使命，作用越来越大，正应了人们常说的一个哲理：一物降一物。几十年来，世界各国从来就没间断过对反坦克武器的研制和发展，不断组建起打坦克的各种其他兵种。

当今，运用现代先进技术武装起来的反坦克武器更是如虎添翼，令所有坦克都退避三分，坦克的角色已经从原先攻击的角色转变为被打的角色，这使得"坦克无用论"一直此起彼伏，不绝于耳，战神面临新挑战。

"威猛杀手"——反坦克炮

火炮在20世纪凭借强大的战场杀伤威力，赢得了"战争之神"的美誉。如今，火炮也作为打坦克的锐利武器，迅速形成了一个反坦克家族。

进入21世纪后，在部队基本装甲化，作战人员基本有坚硬的外壳作保护的情况下，火炮打坦克已经成为衡量其战场打击能力强弱的一个重要指标。

从杀伤功能角度看，打坦克的火炮主要有四种：

一是电视制导炮。如美军的"铜斑蛇"、俄罗斯的"红土地"等，它们都是打

○前苏联T—72主战坦克

◎二战德军无后坐力炮

坦克的"高手",能在几千米之外发射炮弹打击装甲目标,射击精度高,一经问世就成为坦克的"克星"。

二是火箭炮。火箭炮加入打坦克的行列主要有两种方式:一是通过撒布反坦克地雷打坦克;二是运用制导反坦克子母弹打坦克。

三是自行反坦克炮。作为专门打坦克的武器,自行反坦克炮以机动速度快、火力强、轻巧灵活而称雄于战场。

伊拉克战争中M270多管火箭炮装备的双用途子母弹,战斗部内含有644个M77式子弹,可穿透100毫米厚的坦克装甲;反坦克布雷战斗部内装7个地雷撒布器,每个装有4个AT—2式反坦克雷,1门火箭炮一次齐射可发射336个AT—2式反坦克雷,威力巨大。

◎BK1990轮式火炮

◎95式25毫米自行高炮

四是无后坐力炮、火箭筒等近程反坦克火器。虽然这些反坦克火器射程近，但由于是单兵操作，在战场上机动灵活，加之数量多，也给近距离的坦克造成了很大威胁。

"暗袭杀手"——反坦克地雷

在各种反坦克武器日益现代化的今天，电子传感器和布雷技术的发展与普及，推动着反坦克地雷也在迅速发展。目前，第三代反坦克地雷突破了单纯应用被动触发技术，只能用于防御的概念范围，具备了主动进攻的功能，成为一种新型进攻性武器。

展望21世纪，反坦克地雷呈现出更加蓬勃的发展趋势：

一是小型化。适应飞机、火箭和火炮布撒的需要。

二是威力大。如英国的棒状地雷，是同等装药反坦克地雷破障宽的2倍，不仅能破坏坦克的履带，而且能威胁坦克车底。

三是自动化。美军正在研制一种叫"小突击队员"的反坦克地雷，装有光纤遥控装置，可自动绕行到坦克的底部爆炸。

◎70—2式122毫米自行榴弹炮

◎火箭炮

第七章 新世纪的抉择——战神何去何从

◎后坐力炮

◎火箭爆破扫雷车

四是多用途。反坦克地雷不仅能炸毁坦克履带、车底,而且出现了能击穿坦克侧装甲、顶装甲的反坦克地雷。

另外美军还在研制一种装有推进火箭的自动地雷,它能在一定的距离上凭借火箭的动力进行低空巡航,自动攻击。

"空中杀手"——强击机

现代航空高技术和精确制导技术的迅猛发展,使"高高在上"的飞机也加入了打坦克的行列,用飞机从空中实施打击,射程远、威力大、无论对单个装甲目标或集群目标都有极大破坏力。强击机就成了打坦克的"空中杀手"。

在近几场局部战争中,美国的A—10"雷电"攻击机可谓出尽了风头。该机装载的"贫铀穿甲弹",可穿透较厚装甲。

据海湾战争实战情况显示,A—10一架次出动,可摧毁11个装甲目标,相当于一个坦克连。目前尚不清楚A—10究竟摧毁了多少辆伊军坦克,但可以确定的是在海湾战争中,90%以上的伊军坦克都是被A—10击毁的。144架A—10穿梭于伊军上空,执行了上千次攻击任务。这些"空中杀手"发射了92万发30毫米炮弹,其中有一些就是贫铀穿甲弹。A—10共击毁伊军近2000辆坦克和各种车

◎双管筒

辆、40个"飞毛腿"地地导弹发射装置。

进入21世纪后，尽管坦克的装甲防护能力在增强，但强击机可采取空中"灌顶"打击，直接攻击坦克最薄弱的顶装甲和侧装甲，因而战场威胁巨大。

"智能杀手"——反坦克子母弹

反坦克子母弹是一种专门用于杀伤摧毁装甲目标的弹药。

目前，比较典型的有美军的"萨达姆"敏感反装甲子弹药和BAT智能反装甲子弹药等。"萨达姆"敏感反装甲子弹药主要用于攻击敌方纵深内静止的或移动速度较慢的装甲集群目标。与目标交战时，由地地战术弹道导弹或机载抛撒器将其送到目标上空，大约在3000米高度上母弹将子弹自动抛出，当下降到200米时，自动打开降落伞稳定下降，并启动子弹药上的毫米波雷达传感器锁定目标，引爆战斗部攻击坦克的顶部。

据悉，美国正在研制下一代带动力装置、命中精度更高、杀伤力更强的智能反装甲子弹药，可巡航飞行30分钟，使用智能引信，并装有GPS全球导弹定位系统，还可大大提高目标识别概率，预计这种弹药可在2010年后装备部队。

◎履带式扫雷车

◎前苏联扫雷坦克

为了提高攻击大规模集群坦克的能力，早在冷战时期就出现了各种集束炸弹、反装甲子母弹或子母弹投放器。当时主要是针对前苏联的坦克威胁而进行研究的，但冷战结束后这一研究并未终止。

美国空军于2001年订购2700枚CBU97/B型传感器引爆弹，并设计到2011年每年订购300枚。这种弹内共有40个装有红外传感器的子弹，它们撒到目标区上空后自动搜索目标，一旦锁定目标后便攻击其顶部装甲。俄罗斯的RBK-500型投放器可携带268个微型聚能装药战斗部，击穿240毫米厚的装甲。这些空对地反坦克武器的投入使用，将会给敌大规模坦克集群以致命的打击。

"超级杀手"——攻击直升机

攻击直升机是坦克的天敌，有"超级杀手"之称。

进入21世纪，在以美军的AH—64"阿帕奇"、俄罗斯的米—28、卡—50等为代表的第三代攻击直升机驰骋疆场的同时，美军RAH—66"科曼奇"、俄军卡氏第四代攻击直升机也已进入战场，这使"陆战之王"面临越来越严重的冲击。概括起来，攻击直升机反坦克有三个方面的明显优势：

一是在战场机动速度快。直升机一般时速在250公里左右，战场机动能力是坦克的5—10倍；

二是火力对抗本领高。攻击直升机无论是打击强度和攻击精度，都远远优于坦克。

三是战场突击力强。由于攻击直升机的机动速度快，并且不受地形条件的限制，具备了打坦克更为有利的条件，1架AH—64"阿帕奇"攻击直升机可以同时对付12—16辆坦克。

同时，随着形势的发展和实际的需要，许多国家还在发展重量较轻、体积较小的轻型反坦克武器。

一是利用轻巧的无人驾驶车辆或机器人安装轻型反坦克武器，使它成为遥控或自主式"机械杀手"，可提高作战机动能力和战场生存能力，减少人员伤亡。美国在这一领域进行了长期的研究，将有多种装备服役。这些机器人的基础结构大多为小型轮式车，上面装有目标探测、信息处理装置和轻型反坦克武器，有的装"标枪"反坦克导弹，有的装3具火箭筒。发现目标后可快速瞄准射击，完成任务后立即撤出战斗，补充弹药后继续战斗。

二是轻型火箭筒。近年来轻型火箭筒得到迅速发展，它们有的是新发展的项目，如西班牙的"阿尔高登"100火箭筒，最近正式定型生产，即将装备西班牙地面部队。有的是对原有武器加以改进大大提升性能，如瑞典的AT4火箭筒采用串联式战斗部和新式火箭推进方式，性能较好，颇受各国欢迎，已出口到荷兰、巴西等许多国家，连美军也订购了60万具。

◎美国的A—10强击机

"冷面杀手"——反坦克导弹

第四次中东战争中，埃及士兵用"耐火箱"反坦克导弹成功地摧毁了以色列精锐——190装甲部队的120辆M60型坦克，使反坦克导弹名声大振。

海湾战争中，美国专门为"阿帕奇"反坦克直升机设计了"地狱火"反坦克导弹，威力巨大，得到普遍使用。

进入21世纪，在美国的"陶2"、"坦克破坏者"、"海尔法"反坦克导弹，俄罗斯的老牌反坦克导弹，伊朗的"拉德"反坦克导弹等第三代反坦克导弹仍在服役的同时，第四代反坦克导弹已陆续登上战争舞台。如：美国的"通用导弹"，作为新一代反坦克武器，将用来取代"地狱火"和"陶2"导弹。

俄罗斯新装备的AT—16反坦克导弹，最大飞行速度2.35马赫，最大射程10千米，既可用于武装直升机，也可用于固定翼飞机。英国正在研制的"硫磺石"空对地反坦克导弹，具有多种目标搜索模式和"打了不用管"的自动跟踪目标能力，可用于武装直升机和喷气式战斗机。同第三代反坦克导弹相比，第四代反坦克导弹有两个明显的优点：一是可远距离攻击集群坦克；二是用途相当广泛。

◎A6强击机

如英国以"海尔法"导弹为原型研制的"硫磺石"反坦克导弹，可装备在固定翼飞机上作为机上反坦克导弹。美国新研制的后继型"陶"式反坦克导弹，为轻装部队和机械

◎美国的"标枪"导弹

化步兵提供了射程远、威力大的反坦克武器。近年来一些局部战争中，地面部队常遭遇掩体、堑壕、地道等防御工事。为了摧毁这些目标，不少国家为反坦克武器研制各种新型战斗机，使它成为可以攻击多种目标的多用途武器。

有的反坦克导弹或火箭弹配上了爆破杀伤战斗部，既可摧毁土木工事或钢筋混凝土工事，又可杀伤工事内的敌人。

俄罗斯为反坦克火箭弹研制的热压式战斗部，可以摧毁主战坦克和大面积防御阵地，并使敌人窒息致死。美国的类似研究也取得进展，在阿富汗和伊拉克战争中少量使用。为适应巷战需要，美国正加紧研制多种巷战武器，包括会爬楼梯的机器人、无人驾驶侦察车、破墙用的火箭弹等。其他国家也为反坦克火箭弹改进战斗部设计，使它成为巷战中摧毁建筑物的利器。

法国和瑞典还对远程反坦克导弹的战斗部加以改造，用做海岸炮兵用地对舰武器，它们击穿舰艇的装甲后仍能毁伤舱内设备。美国的"标枪"导弹既可攻击主战坦克，又可攻击直升机等低空飞行目标，成为反坦克、防空两用武器。法国的"沙蛇"导弹，在国际市场上颇受青睐。

以色列近年来制成的"情人"导弹。最大射程2500米，重13千克，已出口到欧洲。它也是坦克的一个"天敌"。

几十年来，随着形势的发展和高科技的突飞猛进，精确制导的反坦克武器越来越

◎美军正在检修中的"阿帕奇"直升机

◎美军大型运输机群

◎卡—50

◎瑞典的AT4火箭筒

受到青睐，并得到蓬勃的发展。主要表现为：

一是发达国家在有大量导弹的情况下仍积极发展新一代反坦克导弹。如美国继装备"标枪"、"捕食者"轻型反坦克导弹后，又在研究超高速导弹、直瞄射击导弹、动能导弹、通用导弹、精确攻击导弹等多种精确制导反坦克武器，法国在研究"独眼巨人"、"崔格特"导弹的同时又推出"特里同"导弹方案。

二是随着精确制导技术的普及，许多发展中国家也更多地使用反坦克导弹。印度自行研制的第三代导弹已正式装备部队，伊拉克引进的"短号"导弹在战场上大显身手。

三是精确制导技术不仅用于反坦克导弹，而且在坦克炮、榴弹炮、迫击炮、火箭炮和航空炸弹等武器上普遍推广使用，使这些武器具有了精确打击装甲目标的能力。

四是为提高目标识别能力，避免"自己人打自己人"的失误，一些导弹增加了先进的敌我识别装置，可在确认是敌方装甲目标后才实施精确打击。

五是制导技术日益完善并趋于多样化。以往的导弹主要用有线制导或红外制导，新式导弹采用热成像、毫米波、光纤制导等多种新技术，并采用组合式结构，可根据不同需要使用不同制导方式，或采用复合制导，从而显著提高在恶劣环境、天候条件下的命中精度以及战场生存能力。

六是功能更加全面。随着战争形态的变化，城市巷战的增多。反坦克武器要求发展成轻便的近距离作战武器，它们不但能有效地摧毁主战坦克、装甲车辆，还要能破坏掩体、壕沟和各种建筑物。

◎M60A2型坦克

◎"阿帕奇"反坦克直升机

◎装有反坦克导弹的直升机

总之，反坦克武器从未停止过发展的脚步。自坦克问世以来，各国不断研究出形形色色的反坦克武器，特别是在两次世界大战和冷战时期，坦克和反坦克武器发展的拉锯战不断出现高潮。冷战结束后国际形势发生了重大变化，反坦克武器的发展也出现了新动向。

随着苏联解体和华约解散，西方在冷战时期面临的严重坦克威胁已不复存在。虽然前苏联的大量坦克、装甲车辆流失到许多国家，但它们已不足以给西方造成威胁。据军事专家分析，美国即使同时打两场战争，面对的坦克数量也不到冷战时的20%。

当前世界面临的是与以往截然不同的"非对称性"战争的威胁，这对反坦克武器的发展提出了新要求。要求反坦克武器具有更好的目标识别能力、精确打击能力，同时要提高反坦克武器的战场生存能力，尽可能实施远距离精确打击，或从空中实施突然袭击。而城市巷战的增多，又要求发展轻便的近距离作战武器，它们不但能有效地摧毁主战坦克、装甲车辆，还要能破坏掩体、壕沟和各种建筑物。

知识链接：

火箭炮：可发射较大口径火箭弹的多发联装的炮兵武器。有牵引式和自行式两种。发射速度快、火力猛、威力大，机动性能好，但发射时火光大，阵地易暴露。主要用于地面状目标射击。

直升机反坦克：武装直升机从空中以反坦克导弹、火箭、炸弹等对敌坦克进行的攻击行动。

战神的未来之路

从战争历史的长河一路走来,我们见证了这一钢铁兵种——坦克兵的出生和发展。

一战中诞生的这个新兵种,从第一时间参加战争便一鸣惊人。在接下来的每一场具有规模的战争中,它都留下了光彩夺目的身影。

二战中,坦克兵在欧洲战场显示出了无与伦比的威力。德国人正是凭借着虎式坦克打得盟军丢盔卸甲。后来,盟军也是凭借着坦克数量的增多,才扭转了整个战争的被动局面。

半个多世纪以来,各主要参战国生产和装备了大量坦克,组建起庞大的坦克兵团,逐渐成陆军的主要兵种。前苏联造的坦克数量高达10万辆之多,形成了对欧洲强大的高压态势。当时人们就说,苏联领导一跺脚,整个欧洲就颤三颤。

可是二战结束后坦克的敌手就出现了,特别是近几年反坦克武器得到了迅速的发展,对坦克提出了重大挑战。

同时,各种新式地空反坦克武器和精确制导武器的不断出现,也给坦克带来新的考验。

但是,历史告诉我们,坦克与反坦克武器从来是在对立的动态平衡中发展的。由于贫铀装甲、陶瓷装甲、间隙复合坦克和反应坦克等新型坦克材料、结构的出现,使以往在坦克与反坦克武器对抗中,有利于反坦克武器的情况正在发生变化。

当代战争已经朝着数字化、信息化的方向发展。强调在充分了解对手的基础上,

◎最新型的M1A2SEP坦克

通过远程打击和空中力量突袭，用最小的代价、最低的限度，打击对手、减少自身伤害。

海湾战争中，由于伊拉克彻底丧失了制空权，人们仿佛觉得，伊拉克装备的苏式坦克在飞机的空中打击下，也只是一堆废铁。

伊拉克战争中，双方都投入了大量的坦克，却没有出现坦克大决战的场面。像历史上，千辆坦克大会战的景象，在今后越来越现代化的战争中将不复存在。从近年来美国主导的几场局部战争来看，昔日主导战争的陆战之王，在军事科技日新月异的进步中似乎已不能再主导战争了。但坦克作为一个突击兵器，无论是在过去、现在，还是未来，在兵器谱上都会留下它的辉煌，牢牢占据着属于它的那份荣耀。

然而，留恋是人类的通病。海湾战争之后，美国很多思想传统的军事将领，却还抱住主战坦克的大腿不放，总认为主战坦克仍将是未来陆军的主战装备，所以又发展了M1A2。

这种坦克过去是作为第四代主战坦克发展的，可最终成了三代半，因为美军实在是没有信心发展下去了，他们在搞到一半的时候遇到了军事革命。

◎中英合作的NVH—1步战车

◎带式装甲救护车

◎T—80UM2黑影主战坦克

◎前苏联现代坦克

信息化的快速发展，让那些热衷于坦克战的将领们不得不退避三舍，重新考虑有关主战坦克的想法。"在信息化战争的时代里，为什么还要继续发展主战坦克？打敌人的坦克难道只有发展主战坦克才行吗？"这些保守的将领们开始反思了。

"如A—10攻击机和阿帕奇武装直升机，一次就能携带16枚反坦克导弹，无论是火力、机动力和防护力，都要比主战坦克高得多！不仅作战效能高，耗资少，而且生存能力还强。"

在这种情况下，美军高层开始决策了：究竟是继续发展主战坦克，还是发展反坦克武器？

最终的结果是，放弃主战坦克的发展，废弃已经投资100多亿美元的"十字军"火炮项目。但事物的发展都是有其规律，不以人们的意志为转移的。由于陆战的最终目的是消灭敌人和占领土地，这个任务主要由装备坦克和各种装甲车辆的装甲兵和机械化步兵来完成。再加上，战场上各种武器互相依存、互相补充，坦克的长处将增强整个战场武器系统的作战能力，而其短处则可得到系统中其他武器的充分弥补。

因此，坦克装甲车辆是合成军陆地作战的中坚突击力量，是陆军机械化和装甲化程度的标志。

在未来的空地一体化、大纵深、高机动、立体作战的战场上，坦克兵仍然是陆战的主要突击兵种。近年来，大量现代坦克采用了先进的计算机、红外、微光、夜视、热成像等技术，极大地提高了对目标的观察、瞄准和射击能力。现代坦克不仅可以发射穿甲、破甲、碎甲和榴弹等多种类型的炮弹，还可发射炮射导弹。而且，坦克炮的命中精度和导弹相差不大，且穿甲、破甲和碎甲威力大大优于导弹。

在世界各军事大国纷纷加大对陆战武器的研发力度的今天，坦克这一传统的陆战利器，凭借着自身超强火力、超强防御力、超强机动力的三大优势，仍将在各国军队中占据重要的地位，坦克兵在未来战争中仍具有重要的地位和作用。

也许，未来的几十年里，坦克的外形会出现很大的变化。但成功的关键依然是坦克的火力、防护能力和机动性能的恰当配比以及坦克战术的创新发展。

对于坦克兵的未来发展，很难全面预料。

古德里安在数十年前讲过一句至今还很有现实意义的话："我们把坦克看成是进攻的主要兵器。我们要把这一观点坚持下去，直到技术再给我们带来更好的礼物为止。"

⊙M1A2